発達障害・グレーゾーンの
子をもつあなたへ

どうしたらいいんだろう？　と迷ったとき
私の子育て、間違っている？　と悩んだとき
私ってダメな親？　と落ち込んだとき
このままでいいのかな？　と不安になったとき
周囲の目や言葉がつらいと感じたとき
子育てが苦しいと思ったとき……

この本を開いてください。

心がスーッと軽くなり、

「今の自分で大丈夫！」「これでいいんだ」

という気持ちがわいてくるはずです。

はじめに

あなたを苦しめる「呪《のろ》い」の言葉を解きましょう

「あなたは母親なんだから……（子どものことは何でもわかるはず）」

「子どもはほめて育てよう（子どもを怒ってはいけない）」

「お母さんが笑顔だと子どもが安定する（お母さんはいつも笑顔で）」

「ちゃんと子育てしなきゃ」

「小さいころのしつけが一生を左右する」

これらの言葉を聞いたり、言われたりしたことはありませんか？

これらはすべてお母さんを縛る**子育ての「呪い」の言葉**です。

「呪い」なんて言葉を聞くと、怖い印象を受けるでしょうか。
でも、私はまさに「呪い」と言っていいくらいお母さんを縛って悩ませ苦しめる言葉だと思っています。

この言葉に縛られてがんじがらめになり、自分を責めて自信をなくしてしまうお母さんが本当にたくさんいます。

「頑張らなくちゃ」「まだまだ足りない」「私にはできないかも」「私の子育てが失敗なのかも」「これじゃ全然ダメ」

と思ってしまうのです。
頑張っているお母さんたちのエネルギーや自信を奪ってしまう、こわい言葉です。
やっかいなのは、これらの言葉がいたるところに潜んでいること。
だんなさん、おじいちゃん、おばあちゃん、ママ友、先生、専門家、そして自分の心の中にも呪いの言葉は深く染み込んでいます。

お母さん自身も小さい頃から、親や周りから繰り返し聞かされてきたため、これらの言葉は当たり前のことになっていて、疑問にも思わないという場合も多いのです。

私はこれまで発達障害とグレーゾーン、不登校のお子さんを持つお母さん約2000人のサポートをしてきました。

みなさん本当に一生懸命にお子さんのことを考え、かかわっていらっしゃいます。驚くほど勉強もして、専門家や相談先に足を運んで、毎日わが子と向き合って頑張っていらっしゃいます。

にもかかわらず、これらの「呪い」がその頑張りを打ち砕いてしまうのです。

呪いの言葉は突然やってきます。
時にはいくつかの呪いの言葉がセットになってくることも……。
まともに食らうと、ダメージも大きいです。

でも対策を知っておくと、かわすことができます。

また呪いにかかっても、呪いを解く方法がわかっていれば安心です。

呪いがひとつ解けるにつれて、心は軽くなり、そして自分らしい育児ができるようになります。

毎日の生活も楽しくなってくるなど、いいことづくめです。

それはお子さんにもいい変化をきっともたらします。

＊　＊　＊

この本は、「こうしたほうがいい」というより、「こうしなくていいですよ」をメインに書いています。

というのも、**子育てで「こうしなきゃ」「こうすべき」なことは何もない**からです。

「〜すべき」「〜しなければ」と思ったら、それは呪いにかかる前触れです。

呪いを解くカギを一緒に載せていますから、ぜひ口に出してみたり、心の中で唱えたりして、さっさと退治しましょう。

この本では、第2章から、お母さんが縛られている呪いの言葉を一つ一つ取り上げ、呪いを解く言葉と発想の転換のコツを解説しています。

発達が気になる子どもを育てるお母さんは、日々たくさんの言葉に傷つき縛られやすいからこそ、この本で呪いの言葉から自分を守るヒントを手に入れていただけたらうれしいです。

この本には、私がこれまでサポートをして来たお母さんたちが「浅野さんに『それは呪いなんですよ』と言われた時のあの衝撃が忘れられません」「こうあるべきの呪文で子育てをしている自分に気づいてから、子育てがガラッと変わりました！」とおっしゃっている、呪いを溶かす魔法をできる限り詰め込みました。

心の中で繰り返し唱えたり、時には声に出してみてください。

はじめから順番に読んでもいいですし、気になる項目だけ眺めてみるだけでもきっと元気になります。

この本が、みなさんの心を少しでも軽くして、心と体のパワーを回復させるアイテムになりましたら幸いです。

みなさんの気持ちが少しでも楽になり、子育てが楽しめる、自分を好きになり人生が楽しくなることを心から願っています。

目次

第2章 子育ての常識、子育て神話の呪い 51

第3章 呪いのようにお母さんを縛る言葉 101

第4章 心配、悩み、解消しましょう——学校生活、しつけの思い込み

第5章 ホントにそう？ 見直したい、学校・先生からの言葉の縛り

第6章 意外と強力？ 夫、家族、専門家、ママ友からの何気ない言葉の縛り

第1章

教えて！どうしたら子育ても心ももっと楽になる？

知っているだけで気持ちがグン！と楽になる3つのこと

子育ては年中無休。そして、「これこそが正しい子育て法だ」と言えるような、100%の正解はありません。

さらに、発達障害やグレーゾーンなどの特性のある子どもの子育てはより大変で手がかかるのは紛れもない事実です。

発達に偏りがある分、親が教えないとわからないことも多ければ、一人ではまだ難しいことも多い。

言ってもすんなり理解してもらえないことも。

失敗したり、周囲に迷惑をかけたりすることもしょっちゅうです。

社会が発達障害、グレーゾーンの子やその家庭にやさしいかというと、昔ほどではないにしても、まだまだ理解の足りないところ、誤解されていることも多いでしょう。
そのような中で日々戦っているお母さんたちには、少しでも幸せになってもらいたい、私はそういう思いで仕事をしてきました。

大変な子育てが少しでも軽くなる方法。
それは、

1．周囲の人の言うことは9割聞き流せ

2．もっと図々しく、図太く生きよう。ときにはしたたかに、わがままに！

3．頑張らなくていい。抱え込まないのが一番！

の３つです。

1．周囲の言うことは9割聞き流せ

意見するのは、本当に簡単。

「言うは易く行うは難し」です。

「言うだけ」の批評家はあちらこちらに存在します。

夫やおじいちゃん、おばあちゃん、先生、ママ友……いろいろな人が好き勝手に言ってくることもあるでしょう。

言い出しっぺが行動に移してくれればいいのですが、ほとんどの場合、言うだけ言って終わりということがほとんど。


ならば、言いたい人には言わせておきましょう。

まともに受けて、頑張ろうとするとお母さんが疲れてしまうだけです。

「この人の言うことは信頼できる」「聞いておこう」と思える人のアドバイスだけ耳をかたむけられれば、まずオッケー。

残り9割は、「また言っているな」「こういう考え方もあるんだな」「でも、最終的に決めるのは私だから」と思って、頭の中で鼻歌でも歌って軽～く流しましょう。

ダメージは極力少なく。かわすことも大切です。

2. もっと図々しく、図太く生きよう。ときにはしたたかに

たとえば、先生やお医者さん、専門家を前にすると、「こんなことを言ってはいけない……」「でしゃばりすぎてはいけない」「意見には従わなければ」と思いがちですが、そんな必要はありません。

自分の言いたいことは我慢せず言いましょう。

教育者だって、専門家だって人間です。

絶対的な存在でも、１００％正解なわけでもありません。

意見を交わすのは何も悪いことではありません。

コミュニケーションを取るのは当然のことです。

相手は敵ではなく、わが子を応援する仲間。

敵対心を持たない意見交換であれば、親はモンスターペアレントではありません。

知りたいことは我慢せずに素直に聞く。

利用できる人や場所はおおいに利用させてもらいましょう。


もっと図太く、いい意味で〝したたかに〟周りに頼ってやっていきましょう。

3. 頑張らなくていい。抱え込まないのが一番

お母さんたちはもう十分すぎるくらい頑張っています。

だからもうこれ以上頑張ろうとしなくていいと思うのです。

「お母さんがしっかりしないと」「私がこの子を育てなきゃ」「この子には私しかいない」と思いがちですが、これもまた立派な子育ての呪いです。


子育てはひとりではできませんし、ひとりで抱える必要もありません。

無理なことは無理。

どう頑張ったってできないことはあります。

先生、医師、専門家、家族、親戚、近所の人……。どんどん人を頼り、周囲を巻き込んでしまいましょう。


「人に頼むのは申し訳なくて…」と思う人もいるかもしれません。

でも、世の中には頼られるのを待っている人がたくさんいます。

あれもこれも全部ひとりで抱え込んで倒れてしまうほうがキケンです。


発達障害、グレーゾーンの子の子育てはレアでハイレベルな子育て。

あなたには周りに頼っていい理由が十分あります。

頼ることに自信を持ちましょう。

そして、どんどん弱音をはきましょう。

お子さんが発達障害であることやそれらにまつわるすべてのことは、お母さんのせいではありません。

自分を責めることだけはどうかやめてくださいね。

親は「先生」にならなくていい

新型コロナウイルスの流行によって、生活は本当に大きく様変わりしました。

そのことで、かつてないような悩みが生まれた方も多いのではないでしょうか。

そりゃそうですよね。

これまで「当たり前」とされてきたことがことごとく覆されたのですから。

行くのが当然、行かなければいけないと思っていた学校には行けない。

外で遊べない。お稽古や学童などに行くこともなくなりました。

また、大人とのかかわりも減り、孤独を覚えるお母さんも増えました。

2020年3月のコロナによる休校が始まった後、オンラインによる無料相談の募集をしたところ、即満席になりました。しかもその後から現在も即満席が続いている状況です。

それだけ悩みを抱えるお母さん、切羽詰まった思いを抱えるお母さんが今、本当に多いことを強く感じています。

学校が休校の間、次のような状況にいたお母さん、多かったんじゃないでしょうか？

学校からはたくさんの宿題。それをみるのはほぼ親まかせ。宿題をさせなきゃいけないのに、子どもはちっとも言うことを聞かない。

親はつい「宿題やりなさい！」と怒り、子どもはますます勉強がいやになる。親子でイライラし、親子関係は悪化。

さらに、在宅ワークにより、だんなさんも家にいることが増えました。

親子ともに生活のペースは大きく変わり、自分の思うようにできないストレスは溜まるいっぽうで発散する場所も時間もない。

食事をつくる回数も量も増え、お母さんの負担は増大です。

夫は家にいるのに手伝ってくれない。「なんで私ばかり？」と思うことのくり返し。

やりたいことがやれない。思うようにいかない。イライラは増すばかり。

どうにかしようとあれこれ悩んで解決方法を探しても、目に見えない不安は残念ながらすぐに解決はできません。イライラの状況の中で考えているので、いいアイデアは浮かばず気持ちは沈んでいきます。

このような時は、「今これならできる！」にフォーカスを当ててみましょう。

まずは何よりも自分、そして家族が健康でいられるためにできること。

それから自分のストレスを少しでも溜めずに過ごすには何ができそうか？を考えてみましょう。

お母さんが一番先に息切れしないように、行き場のない気持ちはできるやり方で出しましょう。

先の見えない現状を乗り切るコツはふたつあります。

ひとつは、**感情に流されずにいかに冷静に物事を見ることができるか**。

もうひとつは、**周りが言うやり方が一番だと思わない**。学校などの要求にすべて答えないことです。

ここで声を大にして言いたいことがあります。それは、

「親は先生にならなくていい」。

家は学校にはなれません。そしてお母さんは先生ではありません。お母さんが先生になり、家が学校になってしまうと、家庭内の雰囲気は一気に悪くなります。子どもも親も居場所がなくなり、苦しくなるばかりです。

子どもが親に教わりたくないのは当たり前。

勉強を親が教えること、親から教わることは、実はとても難易度の高いことです。

親はつい期待して厳しくなってしまい、子どもは甘えたくて素直に親の言うことが聞けないので、勉強を教えようとするといつもケンカになるのは当然のことなんです。

子どもが親に教わりたくないと思うのも、当たり前のことなんですよね。

ですから、親も無理して教えようとしなくていいんです。

最優先したいのは、子どもとの関係。そして、家庭の平和です。

しっかりやろうと思わない。頑張らなくていい。

ハードルを下げて、「できていることがひとつでもあればそれでいい」と思いましょう。

あとは、「他力」を極力利用すること。

自分でやろうとせず、オンラインのサポートを利用するなど、外部に頼んだほうがうまくいくことも多いです。

進路や進学先で悩むお母さんは、「このままではうちの子はどこにも行けなくなってしまう……」と不安を膨らませているかもしれません。

というのも、教育相談や就学相談、見学会、説明会がすべて中止になってしまったからです。

そのような方には、教育委員会や教育機関に直接問い合わせて、今後のスケジュールを確認しましょう、とお伝えしています。

どうせ家にいる時間が長いのなら、お母さんはこの機会に、自分の望む生き方や子育ての仕方を見つけてみたり、増えた子どもとの時間を使って、子どもから好きなものや得意なことを教えてもらえたら最高ですね。

本来持っているやわらかくしなやかなセンスを活かして、子育てを楽しむお母さんが少しでも増えたらいいなと私は思います。

大人より子どものほうがたくましい

「子どもは親がしっかり守らなきゃ」と思いがちですが、実は子どものほうがよっぽどたくましいところがあります。

私がサポートしているお母さんからは、緊急事態宣言により学校が休みになったら、子どもが以前よりのびのび出したという話も聞きました。これまで家でのお手伝いなどほとんどしなかったグレーゾーンのＧちゃんは、学校が休みになってから、料理や掃除などお母さんができないときに自ら手伝うようになったそうです。

それから、不登校のお子さんのほうが家での過ごし方がうまいようです。

コロナになる前と後での生活がそうたいして変わらないから、気持ちが安定して過ごせるようです。

彼らにとっては今まで通りなんですね。逆に、「みんなと同じになったぞ」という安心感が生まれたのかもしれません。

小学5年のHくんは不登校気味で、学校に行くのは週1、2回程度。それも朝だけ、給食の時間だけと、限られた時間のみでした。ほかの日は不登校児のための通級指導教室に通っていました。

このHくん、もともと料理好きでしたが、コロナ禍で休校になってからは毎日のように自分でごはんをつくるようになり、めきめき腕を上げていきました。しまいには、自分でレシピを開発するまでに。この変化にはお母さんもびっくり。

Hくん自身も自分でレシピをつくれたことが自信につながったようで、将来は「コックさんになりたい」という夢ができたそうです。

親は「学校に行けないのはかわいそう」「勉強が大変だ」とマイナスな面にばかり目を向けがちですが、Hくんのように、学校が休みになったことで自分の時間ができ、内に眠っていた「やる気」が引き出され、夢に気づくことができる例もあります。

子どもは親が思うよりもたくましく、さまざまな状況を乗り越えていける力があります。

親の役目は、子どものやることをただただ認めて応援することかもしれません。

人生を楽しんでいる親を見て、子は自立する

あなたは、自分が子育てに全力投球して頑張っていると感じますか？

もし、自信を持って「はい！」と答えたお母さんがいたら、それ要注意かもしれません。すばらしいことではあるのですが、頑張りすぎて赤信号になっていないかと私は心配になります。

子育ては「いい加減」でやっていったほうが行き詰まらないし、長続きします。

「いい加減」は、本来「好い加減」のこと。ちょうどいい状態、適度、ほどよい加減など、肯定的な意味に使われていました。

今は「中途半端」などマイナスの意味で使用されることも多いですが、**子育てこそ、いい意味での「好い加減」を目指してほしいんです。**

もし今、子育てがつらくて楽しめない、と思ったら、無理して楽しもうとしなくていいんです。

その代わり、**「これなら楽しめる！」と思えるものを大事にしてください。**

A子さんは、不登校気味の男児2人のことでずっと悩んでいました。一緒に学校に行く毎日に疲れ果てていました。

A子さんにやりたいことを聞いてみると、「ジョギング」という答えが返ってきました。そこで、子どもたちを学校に送ったあと、ジョギングをすることをご提案してみました。

さっそくジョギングをはじめたA子さん。すごい気分転換になり、しかもダイエットにもなる、といいことづくめ。毎日が楽しくなってきたといいます。

すると、子どもたちにも変化が。まず長男くんが毎日学校に通いはじめるようになったのです。次男くんは最初少しぐずっていたものの、長男くんが「一緒に学校行こう」と言って連れ出してくれ、やがて2人そろって登校するようになりました。

2人が学校に通えることになったことで少し時間ができたA子さんは、次に「マラソン大会で完走すること」を目標に掲げ、ジョギングの距離を伸ばすことに。ますます充実した時間を過ごせるようになりました。お母さんが楽しむ姿が子どもたちにも伝染したのでしょう。

Ａ子さんの子どもたちは今では毎朝自ら早起きして、好きなアイドルが出演するテレビを観てから登校するのが習慣になり、学校生活も楽しんでいるといいます。

お母さんが自分の時間を楽しみはじめたら、発する言葉も変わり、態度にも余裕が出てきて……。それらが子どもにも派生して、大きな変化を生んだのです。

まずはお母さんが毎日の生活を楽しんでみてください。

もしそれをとがめるような人がいたら、「あら、何か？」と言い返していいです（笑）。

自己啓発の本では、「一度きりの人生なのだから、自分の好きなことをやりましょう」と書かれていたりしますよね。

なのに、なぜかお母さんは「家族のため」「子どものために」やりたいことは我慢するものだという風潮があります。

でも、それってなんだか不思議ですよね。

私は、子育てはお母さんの人生の〝一部〟だと考えています。

子どもが産まれたときから子育てはスタートですが、それはあくまでもあなたの人生の新しい章のはじまりであって、子育て優先の別の人生が新たにはじまるということではありません。

ということは、お母さんになっても、あなたの人生を充実させるために自分の好きなことをどんどんやっていいんです。

自分の人生の中に、子どもという登場人物が増えただけ。お母さんという役割が増えただけ。

あなたの人生の主役は「あなた」です。

お母さんになっても自分を優先する時間を作り、人生を楽しんでも良いのです。

そして**「お母さんみたいな大人になったら、人生楽しそうだな」と子どもが思うような人生に近づいていける力は、どのお母さんにもあります。**

「こんな人生を送りたい」「こんな子育てをしたい」を見つけよう

自分の母親など身近な人からあれこれ言われると、従わなければいけないような気になりますよね。なんといっても子育ての先輩ですから。

でも、必ずしも従う必要はないと思います。

時代は確実に変わっていて、子育ての方法も変化してきています。

だから、周囲の声に引っ張られず、これからは「自分はこういう子育てをしていきたい」そして、「私はこういう人生を生きたい」を重視していきましょう。

私はサポートをしていく中で、お母さんたちに必ず次の3つのことを質問し、考えていただいています。

それは、

「あなたはお子さんをどんな子に育てたいですか?」

「そのためにあなたができそうなことは何ですか?」

「子育てと人生においてあなたが大事にしたいことは何ですか?」

です。

たいていのお母さんは、「そんなこと、考えたこともなかった」とおっしゃいます。

実は私もそうでした。

子育てに翻弄され、コーチングの勉強をしてはじめてこのワークに出会ったのですが、まさに目からうろこでした。

子育てでいっぱいだった私の頭の中に初めて隙間ができて、「そうか、自分はこんな人生を送り、このような子育てをしたいと思っていたのか!」とはじめて気づいたのです。

これが私にとって大きな転機になりました。

子育てでいっぱいいっぱいだった気持ちが薄れ、「私のやり方、これでいいんだ」と思える余裕が生まれてきたのです。


「自分はこういう子育てがしたい」ということをはっきりさせておくと、何が起こってもたいていのことは大丈夫になります。

自分の気持ちがブレなくなるからです。

これは子育てにおいて大きな力になり、武器になります。

子育てをしていくなかで、

「あれ、これでいいのかな？　ちょっと違うな」

と違和感を覚える瞬間こそ、あなたならではの子育てをはじめる絶好のチャンスです。


まずは、**「こんな子に育てたい」**を考えてみましょう。

感受性豊かな子、気持ちを表にあらわすことができる子、人に頼れる子、人にお願いができる子、人を大切にできる子、新しいことに挑戦できる子、自分で生活できる子など……。

最初はなかなか思いつかないかもしれません。

それも当然です。これまで考える機会をもって来ていないのですから。

でも、考えているうちに、こういう子に育ってほしい、という自分の思いは必ず見つかります。


どんな子に育てたいか?がわかったら、次に**「そのためにはどのようなことが必要か?」「何ができるか?」**をより具体的に考えてみましょう。

たとえば、「自立する子に育てたい」と思ったなら、「自分で選択できる力を大事にしよう。子どもが自分で選ぶ機会を毎日の生活の中で増やそう」こんなふうに今できることを出してみてください。

そして、「毎日、このような言葉をかけてみよう」など、より細かい行動をひとつ決めてやってみましょう。

子どもの成長や子育ての状況に合わせて、あなたの「こんな子に育てたい」は変えて大丈夫です。柔軟に変えていきましょう。

のちに子育てを振り返ってみた時、「あれ? いつの間にか私のしたい子育てができてる!」とうれしい気づきもたくさん得られますし、自分の変化に気づくこともできますよ。

この3つはあなただけの子育ての柱。これを持っていれば、「これでいいのかな？」と子育てで悩んだ時、「私が大事にしてたのはここだ！」とまた自分の軸に立ち戻ることができ、悩みに振り回されなくなります。

Kさんは以前、子どもが大泣きするたびにイライラし、そんな気持ちになる自分はダメなんだ……と落ち込んでいました。

けれど、このワークに取り組んでから、「子どもが泣いているのは、たぶんこういう気持ちなのだろう」と冷静に分析し、現状を受け止められる心の余裕が生まれたといいます。

さらに、「私は子どもの泣いている姿を見ると口を出して色々言いたくなっちゃうから、そうなりそうな時は離れてみよう」と判断し、家の周りを一回り歩いてくるなど、子どもの気持ちも認めながら自分の気持ちを落ち着かせるための行動がとれるようになりました。

「私はこういう子育てがしたい。こういう子に育てたい。そのためにはまずこうしてみよう！」を見つけたお母さんは強いです。

自分の軸がどっしりと自分の中心に根を張った状態に変わるからです。

けれど、お母さんだって人間。いつもブレずにいるなんてできません。

毎日起きる出来事にゆとりをなくして、「こんな子育てがしたい」という思いを忘れてしまうことも多いです。

だからそれぐらいでいいんです。10回怒ってしまううちの1回でも、いつもと違う自分でいられた、思い出せて行動を変えられた。それでまずはオーケー。ブレる自分も、ブレながらもなんとか頑張ろうとしている自分も、全部マルです。


子どもを怒ってしまっても自分を責めないで。

怒ってしまった後、落ち着いたらまた思い返してみましょう。

そこから仕切り直しをすれば大丈夫です。


悩むのが子育て。ブレない親はいません。

大切なのは、**ブレたときに戻って自分を取り戻せる「あなただけの思い」を持っている**ことです。

あなたの「駆け込み寺」はありますか？

なにか壁にぶち当たったとき、行き詰まったとき、何かあったらいつでも相談できる「駆け込み寺」のような存在はいますか？

「困ったことが起こっても、この人がいるから大丈夫」と思える人がいるだけで、大きな安心感と余裕が生まれ、子育ても楽になります。

お友達でもいいですが、プロの力を頼るのも一案です。かかりつけのお医者さん、発達障害の専門家、保健師さんなど、ある程度専門知識がある相手なら、自分の気持ちを聞いてもらうだけでなく、一歩進んで「これからどうしていけばいいか？」まで具体的に考え進めることができます。

駆け込み寺はひとりに絞らなくてもいいです。

「この人はとにかく話を聞いてもらう人」

「この人は意見をもらう人」

「この人は何か行動を起こしてもらう人」など、何のためにここを使うのかという、自分の目的に合わせて役割を自分なりに決めておくと、より上手に活用していけます。


とにかく、使えるものは何でも使おう！です。

今は、お母さんの駆け込み寺をお仕事にしている人も数多くいます。そのような人は、頼られることに喜びを感じます。「力になってほしい」というあなたの言葉を待っている人は、あなたの近くに必ずいます。理解のない人と戦うより、そのような味方を増やす方に力を注いでみてくださいね。

心のエネルギーを減らさないために

私は「疲れたなー」と思ったときなど、子どもたちと一緒にゲームをします。いい気分転換になりますし、子どもとのコミュニケーションもはかれるからです。

ところで、ゲームによっては、登場するキャラクターに、エネルギー量がわかるゲージがついていたりします。スタート時には満タンだったエネルギーは、敵と戦ったり攻撃を食らったりするうちに少しずつ減っていき、「ゼロ」になったらゲームオーバーです。

私は、私たちの「心のエネルギー」も同じようなゲージがあると思っています。

心のエネルギーが満タンのときは、元気いっぱいで前向き、気持ちにゆとりもあります。けれど、子どもが失敗したり、なにかやらかしたり、ほかのだれかからきつい言葉を浴びたりするたびにエネルギーは減っていきます。

自分で自分を責めることでもエネルギーは減っていきます。

「ああ、私はダメだ……」「私はまだまだやれていない」と思ううちに心のエネルギーはどんどん消耗します。


発達障害、グレーゾーンの子の子育てをしているお母さんは、受けるダメージも大きく、心のエネルギーの消耗が特に激しいです。

そのため、エネルギーが満タンの状態であることは少なく、常に半分かそれ以下かも。

つまり、**気をつけていないと、エネルギー切れを起こしやすい**ということです。


では、心のエネルギーを切らさないためには、どうすればいいでしょう？

心のエネルギー切れ防止の3つのポイントは、

1、エネルギーの消耗を抑える

2、エネルギーを意識して補充する

です。

3、自分で自分を一番大事にする

①エネルギーの消耗を抑える

たとえば、子どもとかかわっているのがつらいな、と感じた時はその場から逃げましょう。一時的に離れるという選択肢もおおいにありです。頼れるのなら、お父さんやおばあちゃんにお任せして、自分の安心・安全を確保しましょう。

②エネルギーを意識して補充する

自分をおおいに認め、ほめてあげましょう。

自分への厳しい言葉や否定はいっさいやめてください。

「できなくてもいいよ」「私は十分頑張ってるよ」と心の中で思うだけでもエネルギーは充電されます。

「ママ、こんなにお洗濯やったのよ。えらいでしょ！」と子どもに自慢してもいいです。ときには、子どもに「ママもほめてほしいなぁ。ママえらいねって言って？」とおねだりしちゃってください。「一日1個、ママのいいところを言った人にはごほうび！」などのように冗談めかして言うと、意外と子どもは乗ってきてくれますよ。

我が家では、子どもが小さい頃「ほめほめ日記」をしていました。交換日記形式で、お互いのいいところを書いてほめ合うのです。面と向かっては照れて言えないことも、ノートになら素直に出せたりします。子どもの字からも元気をもらえます。

書かなくても、お子さんと一緒にお風呂に入りながら、お互いのいいところをひとつずつ出し合う「ほめほめあそび」もおすすめです。ゲーム感覚で楽しいですよ。

二人の発達障害のお子さんのママTさんは、子どものできていないところばかりが気になって、なかなかほめることができませんでした。しかし、子どもと自分の頑張ったことやうれしいことをノートに書き始めてから、書くネタを探すことで、子どもと自分のプラスを見つける視点が増え、ほめることがみるみる上達していきました。

お母さんが自分をいっぱい認め、自分のことをほめてもらうことをあえて意識してやることで、心のエネルギーは充電されます。

③自分で自分を一番大事にする

お母さんは、子育てが始まった時から、自分よりも子どもを最優先にすることが続きます。すると、知らず知らずのうちにそれが当たり前になっていきます。

子どもが小さく、手をかける必要があるときはもちろんそうすることが必要ですが、子どもが成長し、子ども自身が自分でできることが増えても、お母さんの子ども最優先という当たり前は、なかなか変わりません。

変わらないというより、自分のことに意識を向けることなんて忘れてしまうのです。

こんなことはありませんか？　自分のやりたいことを我慢し続け、子ども最優先で頑張っていると、お母さんの心の中には満たされない気持ちが生まれます。

すると、頑張り続ける自分のそばで好きなことを自由にやっている子どもを目にした時、「私がこんなに頑張っているのに、なんであなたはわからないの！」とやり場のない怒りが溢れてくる。

そして子どもを怒る自分は母親として失格だと自分を責め、自分を否定する。このループにはまってしまうと、お母さんの心のエネルギーは消えていく一方です。

だからこそ、声を大にして言いたい。

「お母さんになったからといって、自分を後回しにし、やりたいことを我慢する必要はあ

りません」。お母さんだからこそ、自分を大事にし、自分を取り戻す時間を持ちましょう。

おいしいものを食べる、好きな音楽を聴く、好きな芸能人の写真をながめる、旅行に行くなど、自分が喜ぶことをやってあげましょう。

エネルギーを充電するためのとっておきの方法があるといいですね。

ちなみに、私のエネルギーの充電法はふたつあります。ひとつは子どもと遊ぶこと。もうひとつは、「関ジャニ∞」です（笑）。関ジャニ∞のライブ映像を観るだけでもエネルギーはチャージ。落ち込みやイライラなどすべてふっとびます。年に一度は子ども連れてライブにも行きます。

お母さんのエネルギーチャージには、ぜひ子どもも巻き込んでみてほしい。子どもと一緒に楽しんじゃうのもトクです。普段、どうしても子どもの行きたいところを優先しがちですが、その中にひとつでもお母さんがやりたいこと、行きたいところを加えてみましょう。それだけでも、お母さん自身の楽しさは倍増するはずですよ。

この歌を聴くと元気になれる！

この人の言葉にまた勇気が湧いてくる！

やっぱり私にとってお風呂は充電の場所！

お菓子を作ると元気になる！

このお店のパスタを食べるとまた頑張れる！

こんな風に、自分の〝とっておき〟がある人は、早くいつもの心地いい自分に戻れるので、不安や悩みに振り回されっぱなしにならずにうまく切り抜けていけますよ。

と、あれこれ策を練っても、ときにはエネルギーが切れてしまうこともあると思います。

そんなときは……**無理に元気にならなくていい**です。

気分が落ちて何もやる気になれないときは、頑張らないこと。

気分が落ちたときは、また気分が上がってくるのを待ちながら、ゆっくりできることだけやりましょう。

早く元気になろうと頑張ると、ないエネルギーがさらに減ってしまいます。

そんなときは貝のように心のシャッターを閉じ、外界をシャットアウト。エネルギーの充電に集中してみて。あえて何もせずにとにかく休む。

身体がきついと感じたら寝てください。多少部屋が散らかっていたって、やるべきことが遅れたって問題なし！

心のエネルギーの回復が最優先です。

POINT

①信頼できる人以外の言葉は、聞き流すくらいでちょうどいい。

②聞きたいことは我慢せずに、素直に聞いて伝えて大丈夫。

③遠慮しないで周りの人に頼って上手に使っていこう。

④おうちは学校にならない。お母さんも先生にならなくていい。

⑤子どもにはもともと、乗り越えていけるたくましさがある。

⑥子育てはあなたの人生の全部ではなく一部です。

⑦「こんな子に育てたい」の思いがあれば、ブレても大丈夫。

⑧子育ての駆け込み寺を見つけて使おう。

⑨心のエネルギーを減らさず補充することに意識を向けてみよう。

⑩自分を大事にできるのは自分！

第2章

子育ての常識、子育て神話の呪い

子どもはほめて育てましょう

どうほめるかが大事。子どもそれぞれ刺さる言葉は違います

ほめるのってけっこう難しいと感じませんか？

「子どもをほめましょう」と言われたって、「どこをどうほめればいいの？」って思うことも。「ほめているのに、子どもに伝わらない。全然うまくいかない」と悩むお母さんもいます。

私はコーチングの勉強を始めてから知ったのですが、実は、子どものタイプによって心に刺さるほめ言葉が違うのです。

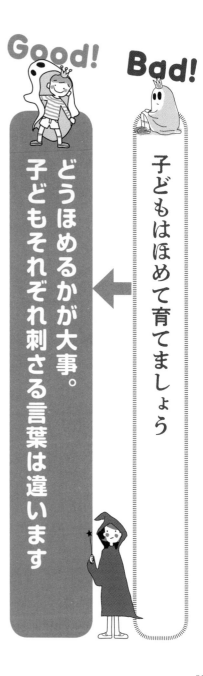

子どものタイプは、ドラえもんの登場人物にたとえると、「のび太」「ドラえもん」「スネ夫」「ジャイアン」の４つに分かれます。

のび太は楽しいことが大好きなタイプ。「すごいね！」「最高だね」と言って気分を楽しく盛り上げてあげると「ほめられた〜！」と天にも昇る気持ちになります。

ドラえもんは、人のために何かをしたいタイプ。「あなたのおかげで、これがこんな風によくなったよ」とか「ママはちゃんと見ていたよ」などを強調してあげると喜びます。

スネ夫は、ほかの人が見ていないような細かいところを具体的にほめると喜ぶタイプです。「この部分をこうやって工夫したんだね」「あなたオリジナルね」と言うとうれしくなります。

ジャイアンは、リーダー格でみんなから頼られると喜びを感じるタイプ。「すごいね」「一番だね」「あなたがいるから」「すばらしい」「さすが！」などと言われると幸せです。

タイプによって「ほめられた」と感じる言葉がこんなにも違うのです。

子どもがどのタイプかは、それぞれの言葉をかけて反応を見てください。

一番喜びが大きかった言葉が対応するタイプです。

ちなみに、うちの長男はまさにスネ夫タイプ。以前、工作をしていたので「すごいね！」とほめたら、「ママ、全然わかってない！」と怒られました。

今は「これはあなたのオリジナルだね。ほかにはない作品よね」とちょっと大げさにほめています。すると、「まあね」となんでもなさそうなそぶりをしながらも、ちょっとうれしそう。自分から、「ここをこう工夫したんだ。どう思う？」と言ってくることもあります。タイプは違っても「ほめられたい、ほめられるとうれしい」という思いはどの子もみんな共通しています。

似ている「言葉の呪い」

「愛情をたくさんかけて育てましょう」

↓愛情のかけ方は人それぞれ。愛情のかけ方に多いも少ないもない

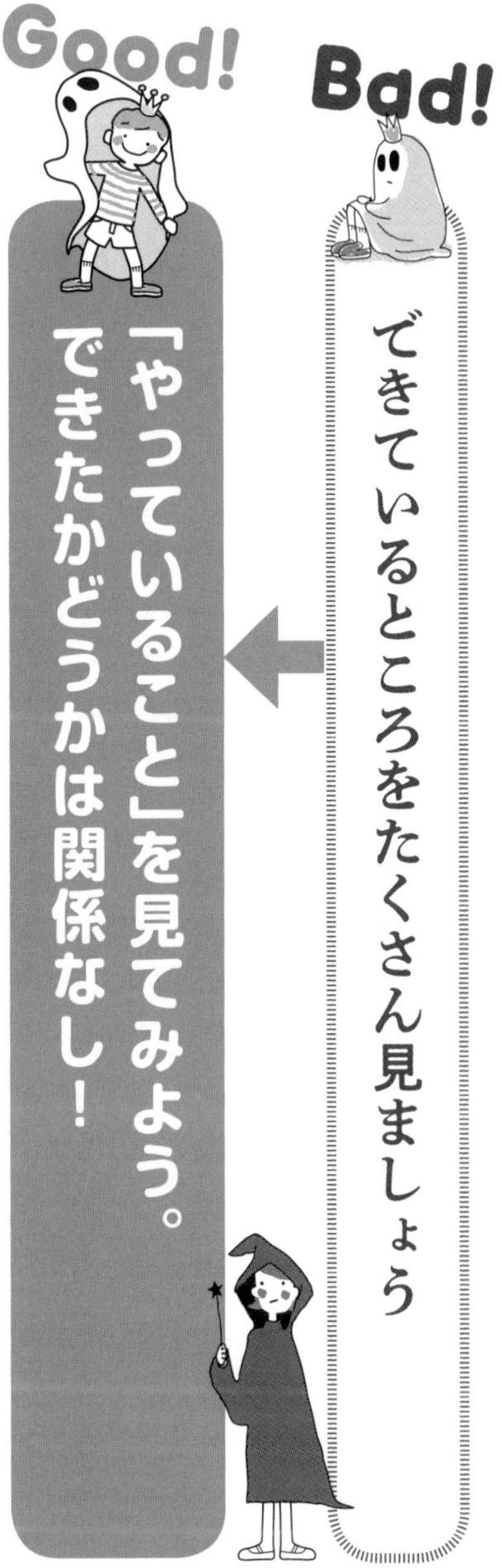
Bad!
できているところをたくさん見ましょう
Good!
「やっていること」を見てみよう。
できたかどうかは関係なし！

発達障害の子の指導で多いのが、「できているところをたくさん見つけましょう」「できているところを伸ばしましょう」という言葉です。

「できた」とか「できない」という言葉のウラには、何かの基準で子どもを見たときの○か×かという評価が隠れています。

発達障害やグレーゾーンの子を育てていると、今の学校や社会環境では、「できないこと」がどうしても目立ってしまいます。「できること」を見つけようとすると、「できないこと」がどうしても先に見えてしまうんですね。発達障害やグレーゾーンの子は、結果だけを見てしまうと「できた」は少なく、「できない子」という評価になってしまうのです。

だから、大事なことは「結果を見ず、過程を見る」こと。

私たちが注目するのは、子どもが「やっていること」です。結果はできなかったとしても、その途中どんなことをやっているのか。そこに目を向けてみると、子どもはいろんなことをやっていることに気づけます。例えば、毎朝学校に行くのを嫌がって結局行けなかったとしても、「行く時間までに着替えを済ませていた」「先生と電話で話をしていた」「ギリギリまで悩んだけれど行かないってママに言えた」など、子どもは何か必ずアクションを起こしています。アクションはとても小さかったり、わかりにくいかもしれませんが、その時の子どもの姿や気持ちが一番見えます。

子どもの起こしているアクションをたくさん見つけてみてくださいね。

実は「過程」という目線で子どもを見ると、発達の特性のある子どもの方が、そうではない子どもに比べてできていることやすごいと感じることもあります。作業がとても丁寧だったり、誰も思いつかないことに着眼したり、独自のオリジナルのやり方を見つけたり。

私たちの当たり前を壊し、視野を広げてくれることもあります。

時には「過程」に思いっきりフォーカスしてみてください。

「この子はいつも最後は『できた』にならない」ではなく、

「この子ここまでやれている！」

「こんなところに気づけている！」という、子どもの今ここで生きているその姿を、先入観を持たずにただ見てみましょう。

Bad!

「あなたはママの宝物」といっぱい伝えて

Good!

宝物なんて恥ずかしくて言えないこともある。「朝、起きたね」「ごはん食べたね」子どものやっていることをそのまま口にするだけでも十分！

子育て本でよく見かけるこの言葉。「あなたはママの宝物だよ」この言葉で愛情を子どもに伝えましょうと書いてあったりします。

もちろんいい言葉なのですが、お母さんなら誰もがこの言葉を言えるなんてことはありません。

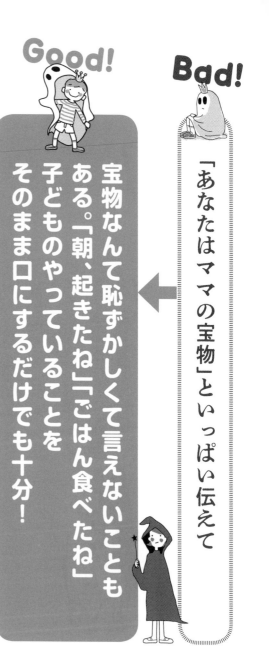

こういった言葉をさらりと言えるお母さんもいる一方、「こんな歯の浮くような言葉、とても恥ずかしくて言えない」と感じるお母さんもいらっしゃいます。

「でも、本には言いましょうって書いてあるし…。言えない私はダメな母親かも…」自分を責めて、頑張って言おうとして、でもできなくて葛藤しているお母さんもたくさんいるんじゃないかと思うのです。実は私も言えないお母さんの一人。

「こんなことを言っている私って、なんか気持ち悪い」と本来の自分じゃないように感じて言えませんでした。

それに、親にこのような言葉を言われたことのないお母さんもいます。自分が経験していないことはなかなかできませんから、言えなくても全然問題ないんです。

でも本に書いてあるからそうしなきゃいけないんじゃないかと思ってしまう。このような子育て本にある子育てのいろんな常識に、お母さんは気づかぬうちに縛られてしまうのですね。

自分の気持ちに嘘をついて無理して言う必要はありません。お母さんだから誰もが優しい愛情あふれる言葉を当たり前に言えるなんてこともありません。言えなくたって全然大丈夫です！

愛情の伝え方は人それぞれ。「この言葉が言えない＝愛情不足」とはならないのです。気持ちが乗らない言葉は言わなくていいですよ。

ほめるのが苦手な場合に、誰でもカンタンにできてほめるのと同じ効果があるのは、**あなたが日頃目にしていること、耳にしていることをそのまま口に出してみる**ことです。たとえば、子どもが元気にごはんを食べていたら「ごはん食べたね！」って。朝起きてきたら「おはよう！起きたね」って。

これなら目にしている事実をそのまま言うだけですから、少しハードルが下がるのではないでしょうか。

「なんか、いい感じだね」でも、あなたの気持ちは十分通じます（笑）。

あなたが「これなら私言えるかな」「この言葉なら私らしくてしっくりくるな」と感じる言葉をお子さんに言えているならまず花マル。

そして、言えなければ無理せず何も言わなくてもいいです。

さらに言えば、「ほめなきゃ！」と無理して頑張る必要もありません。

無理にほめるところを探さなくていい。

ほめるのってエネルギーがいりますから、自分のエネルギーが足りないときには、子どもをほめるより前に、自分のエネルギーの回復を優先させましょう。

「あ、ほめたいな」と思ったら、その時口から自然と言葉は出てきます。

それを待てば大丈夫です。

あなたのペースで、言いたいときに言いたい言葉を伝える。

それで十分です。

ぎゅっと抱きしめてあげて

愛情表現は人それぞれ。苦手なことはやらなくていい

「スキンシップを大事にしましょう。抱きしめるのは大切です」

これも子育て本や講座でよく聞く言葉です。

でも、スキンシップが苦手なお母さんもいますよね。

外国人ならともかく、日本人はハグする習慣もありません。

なのに、子どもが生まれた途端、「ぎゅっと抱きしめてあげて」なんて言われても……。

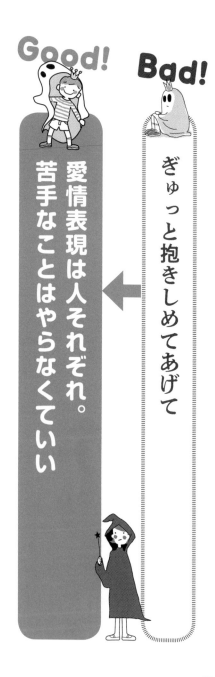

苦手意識が先に立ってしまってできないお母さんもいると思います。

何を隠そう、私もそうでした。

「抱きしめるなんて……」と思いながら、なかば義務感で子どもにハグしていたのですが、気持ちは子どもに伝わりますね。息子は嫌がりもがいて逃げ出すことも……。私は「こんなんじゃいけない！」と追いかけて羽交い絞めにし、力づくでギューってしようとして。でもそれは全くの逆効果。子どもにさらに嫌われることを自らやっていました。

私は違和感ばかりが増えて、息子も喜ぶより私からさらに逃げるばかり。

「これならやらない方がまし！」と気づいてやめました。

スキンシップがわが子とうまくできない背景には、抱きしめることが苦手というお母さん自身の理由だけじゃなく、子どもがスキンシップが苦手という場合もあります。

お母さんが抱きしめることが苦手じゃなくても、子どもが抱きしめられることを嫌がるため、スキンシップがうまくいかなかったりするんですね。

子どもと幸せそうにくっついて楽しそうな周りのお母さん達を見ると、うまくできない自分はお母さん失格だと落ち込んでしまうかもしれません。

そもそも、ハグだけがスキンシップや愛情表現ではありません。
子どもへの愛はいくらでも、どんな方法でも伝えることはできます。
子どもの頭をポンポンする、手を握る、背中をトントンする。どんなこともマル。

無理して頑張らずに、あなたができることを、やりたいと思ったときにやりましょう。

お母さんの愛は十分伝わります。

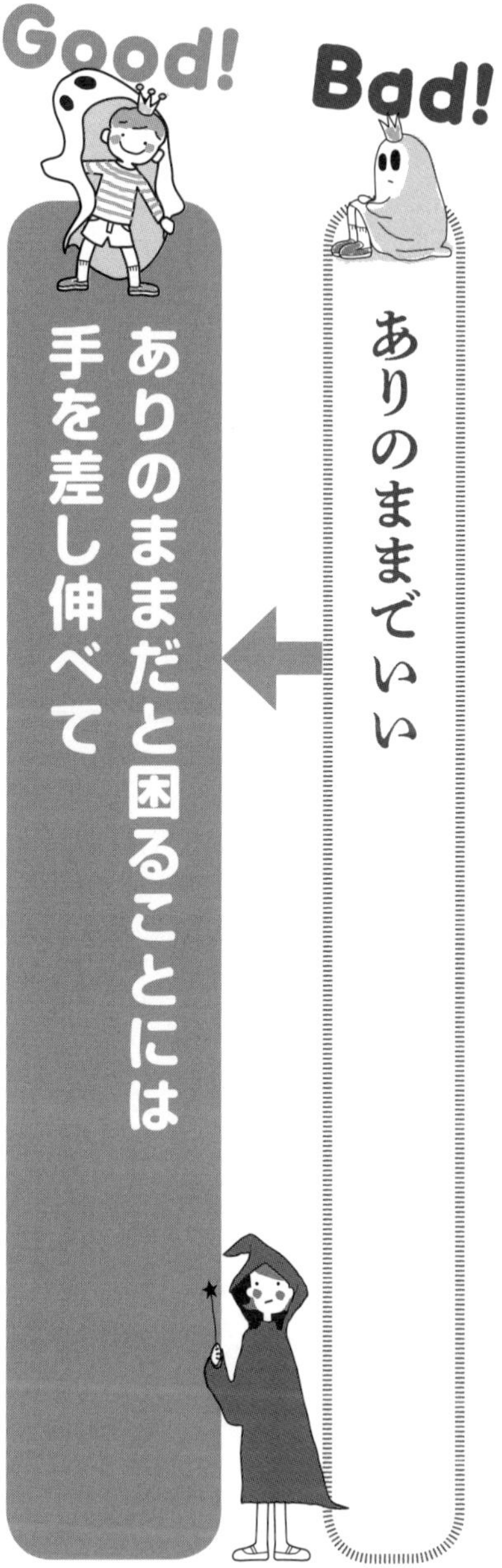

ありのままだと困ることには
手を差し伸べて

発達障害やグレーゾーンの子は、他にはない独自の個性を持っていると言われることがあります。その個性をつぶさずに大事に伸ばしてあげる意味で「ありのままでいいですよ」「ありのままを大切に育ててあげましょう」と言われることがあります。

でも、私はこの考えを全て肯定するのはちょっと危ないかもしれないと思っています。

もし、お友達に手が出てしまいやすいお子さんがいて、のびのびと元気なのがこの子の個性だからと、ありのままを許してしまったらこれはとても困ることになるからです。

人や自分を傷つける行為や命に関わる危険なことは絶対に許さないというように、発達障害やグレーゾーンの子を育てていても当然やってはいけないことはいけない！これは社会で生きていくわが子のためにも、早いうちから親が教えることです。

もちろん教え方や伝え方は子どもに合わせて工夫しましょう。厳しく言い聞かせるだけより、絵を見せながら繰り返し説明する、望ましい行動ができたときの方を意識して話題にするなど、アレンジしていけるといいですね。

叱るとき、ただ「ダメ」と言うだけでは、わけもわからないまま親に否定されたと子どもは受け取ります。こちらの伝えたいことは半分も伝わっていません。こちらが伝えたいのは「どうするといいのか」「どうして良くないのか」ですから、それを具体的にわかりやすく教えましょう。

このとき、日々忙しいお母さんは気持ちに余裕がなくなって、子どもに「だからあなたはダメなのよ！」「何度言ったらわかるの！」つい言ってしまうこともあるかもしれません。子どもの人格を否定することは言ってはいけないと頭ではよくわかっているのに、言ってしまうこともあります。

そんな時は、「あ！　しまった！　言っちゃった！」気づけた時から仕切り直せば大丈夫。「あ、ごめん。ママきつい言い方したね。えっと、ママがいいたかったのはね……」と、もう一度言い直せばいいんです。お母さんも子育ての練習中なんですから。最初からうまくやれなくてもいい。気づいたところからまた仕切り直しましょう。


そして、もし子どもが繰り返し困る行動をしたり、その行動をこだわってやっているような場合は、もしかしたら子どもからの何かの「サイン」かもしれません。その行動をした理由や行動の経緯、子どもの様子などを丁寧に見てあげてください。

そしてお母さん一人でこれらを全部やる必要はありません。周囲の人の力を借りて、子どもの「ありのまま」も大事にしながら、社会で生きていける力を育てていきましょう。

お母さん一人で頑張らないことが大事なポイントです。

Bad!

子どもを怒ってはいけない

Good!

親も人間。怒る時があって当たり前。怒った後、ひと言気持ちを伝えてみよう

お母さんならほぼ誰もが「また怒っちゃった」「どうしても怒っちゃう」「怒らないママになりたいのに…」と、怒るということについて悩みます。「怒らない子育て」とか「怒らないママになれる方法」といったタイトルの本が驚くほどたくさん出ていることからも、お母さん達の関心の高さはわかります。

どうしてこんなにもお母さん達は、怒るということにナーバスになるのか？

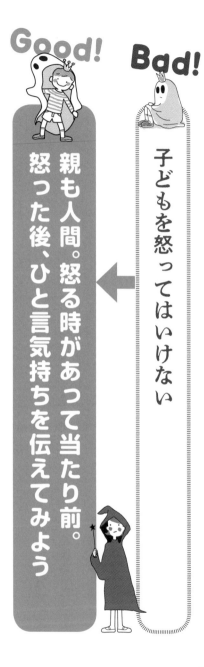

その答えの一つが「子どもを怒ってはいけない」というものすごく強い呪いにあると私は考えています。

実は私も、この呪いにがっちり縛られていました。

「子どもを怒るなんて絶対しちゃいけない」こちらの思うようにはいかない自由な息子に向き合いながら、湧いてくる怒りを我慢していました。ある時、朝から何をするのも「いや！」と拒否し続ける息子に、ついに私の我慢は限界を超えて大爆発！「嫌じゃない！　やりなさい！」息子を怒鳴り、息子は私に驚いて大泣き。私は息子の泣き声に「うるさい！」とたまらず叫んでいました。

私の怒りはその後も繰り返し爆発。その度に「また怒っちゃった」「私は母親失格だ」「この子を傷つけちゃった」自分を責め続け、今もこの頃の記憶は曖昧なくらい、ギリギリの状態でした。

「このままじゃ私もこの子もダメになる。誰か助けて…」一人ではもう無理だと気づいた数日後、私はコーチングに出会いました。

子育て団体のあるサイトで90分の無料のオンライン相談を見つけ、即申し込み。

「どうしても子どもを怒ってしまうんです。感情がコントロールできないんです。こんなんじゃダメだってわかっているのにできなくて…」

私の話を聞いて、コーチは私にこう言いました。

「怒ってもいいですよ。感情を出すことは全然問題ないですよ」

その瞬間、驚きと同時に、胸のつかえがすーっと取れて、涙が止まりませんでした。

今では、コーチの立場でお母さん達の「怒ってしまうんです」の声に寄り添っている私ですが、この経験があったから心からお母さん達に今はこうお伝えしています。

怒ることは、当たり前にある人の感情表現の一つ。だから、全然問題ありません。怒っても大丈夫です。

問題なのは、怒りで伝えようとする「伝え方」です。

怒りでは本当に伝えたいことは相手には伝わりません。それはただ相手に怒りをぶつけているということだから。怒りながらいろいろ言ったところで、子どもには何も刺さりません。「お母さん、怖い！　またなんか騒いでいる」ということしか伝わらない。子どもにどうしてほしいのかも、なぜお母さんが怒っているのかも全然伝わらないので、お母さんは怒り損なのです（笑）。

じゃあどうすればいいのか。

それは、**あなたの気持ちをそのまま出せばいい**んです。

つい怒ってしまってもそれはそれでいい。そのあと「さっき、ママ怒ったでしょ。ママが本当に言いたかったのはね……」と、もう一度仕切り直してみること。「こうしてくれるとママはうれしいよ」「ママは心配なんだよ」「ママは嫌な気持ちだったんだよ」落ち着いて話せる時に、そのままの気持ちを素直に伝えましょう。

怒っていい。

でも怒りをぶつけっぱなしのままでいるのはやめましょう。怒った時が気持ちを伝える絶好の練習のチャンスです。

気持ちは目に見えないからこそ、言葉で伝える。怒った後やり直して、たどたどしくてもいいから伝えようとするお母さんのその姿を、ぜひ子どもに見せてあげてください。

似ている「言葉の呪い」

「イライラは我慢しましょう」

↓イライラしてもいいし、吐き出していい。子育てにイライラはつきものです！

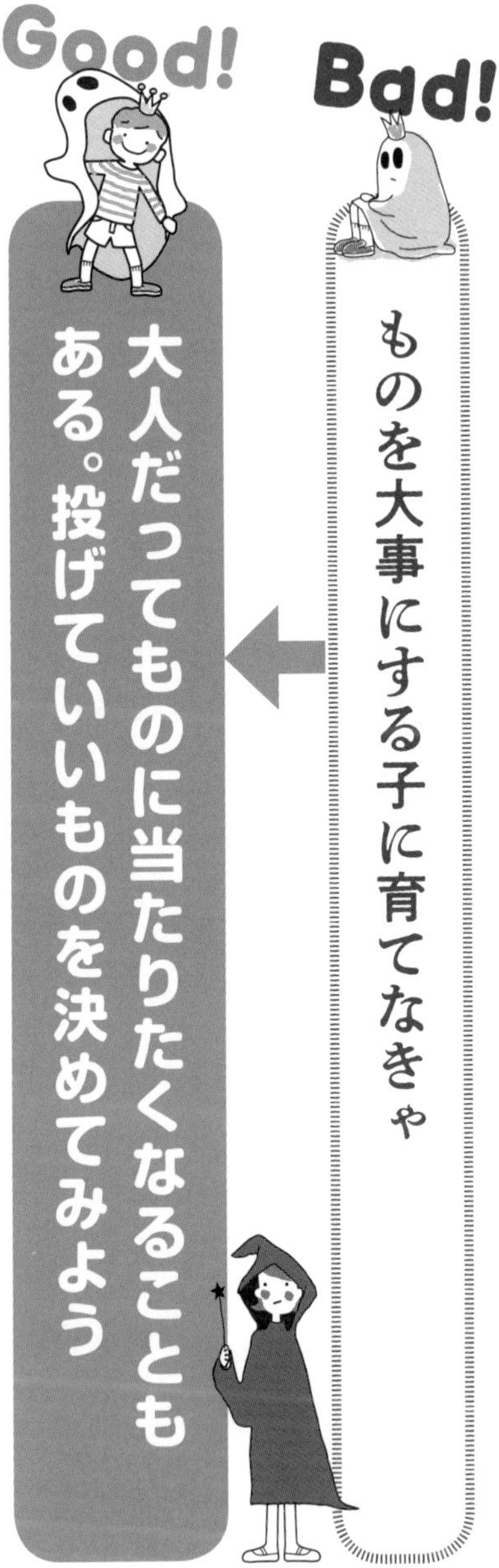
Bad!
ものを大事にする子に育てなきゃ
Good!
大人だってものに当たりたくなることもある。投げていいものを決めてみよう

ものを投げる。大事なものなのに片付けずになくす。そんな子どもの姿を見ていて「うちの子はものを大事にできなくて、これで大丈夫だろうか…」心配なお母さんもいるかもしれません。

その心配の裏には「ものを大切にしましょう」という言葉を、お母さん自身が、小さいころから繰り返し聞かされてきたからかもしれません。

だから、子どもがものを投げたり粗末に扱うと心がざわざわします。

でも、**なぜ子どもはものを大事にできないのでしょう？**

大事にできない子だから？　本当に？　それだけが答えでしょうか？

もしかしたら、こんな理由はありませんか？

子どもがものにあたるのは、言いたいことをうまく言葉にできないもどかしさのあらわれかもしれません。ものは投げても踏んづけても抵抗しませんし、仕返しもしないので、投げて溜まったストレスを出したいのかもしれませんね。

大事なものをなくしてしまう子も、ものを大事にできないというより、新しいことに興味が移ると忘れてしまう好奇心が強い子なのかもしれません。

つまり、お母さんが思っている「ものを大切にしましょう」の前提を、まだ子どもはお母さんと同じようには持ててはいないということ。

だからお母さんがまずお子さんにやることは「ものを大事にしなさい！」と怒ることじゃなく、ものを投げたくなる裏側を見ることや一緒に片付けの練習をしてみること。ものを大事にすることを子どもの成長に合わせて育てていけるといいですね。

それから、ものを投げてしまう子の場合はその裏側にある理由を把握するのと同時に、ストレスがうまく出せずにいるので出してもいい環境の工夫もしてみましょう。

ものを投げる行為をやめさせるより、危険なもののないお部屋を作ったり、投げてもいいものを決めておいたり、安全にストレスを発散できる環境を工夫してあげるのもいいです。

そして、同時にお母さん自身の安全の確保も忘れないでください。ものを投げて発散せずにはいられないほど、頑張りすぎている、いっぱい溜めて我慢している子どもの気持ちを私が理解してあげなきゃと、子どもの攻撃を全部受け入れるなんてことはしないでくださいね。子どもが叩いてきたのを我慢して真っ向から受け止めずに、とにかく逃げてください。

逃げるのはずるいことでも悪いことでもありません。

興奮して暴れている時に、落ち着かせようと手や口を出すことで返って感情が激しくなることもあります。一番辛いのはお子さんです。できるだけ早く子どもが気持ちを落ち着けられるように、お母さんは積極的に逃げて離れて見守ってあげてください。

お母さんが子どもの全てを理解し抱える必要はありません。子どもは子ども。別の人間なので、お母さんでも子どもの全てを理解することは限界があります。

子どもが求めているのは安心できる場所です。

全部わかってもらえなくても、お母さんが聞いてくれたり共感してくれるだけでパワーチャージできます。少し離れたところから見守り、お母さん自身も自分を大事にしていきましょう。

子どもの「自己肯定感」を高める言葉を使いましょう

ネガティブな言葉が出る時だってある。10回に1回でもポジティブなことが言えたら花マル！　そのくらいでいこう

「母親の声かけひとつで子どもの自己肯定感が育つかどうか決まる」などと言われたら、プレッシャーでうかつなことを言えませんよね。

でもこのような言葉、けっこう周りにあるんです。

お母さんがきつい言葉を発した瞬間に子どもの自己肯定感が急降下して、そのまま自己

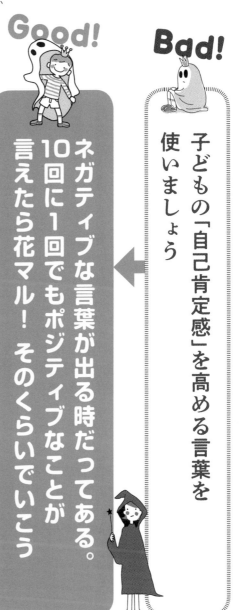

肯定感の低い人間になってしまうなんてことは、まずありませんので大丈夫。それに今、この本を読んでいるあなたは、そもそも自分の子育てについて考え、何かできることをしようと思えています。そのような人はもうこの時点で変わり始めていますよ。

でももし、子どもの自己肯定感を低くするような言葉を言ってしまった時は、気がついた時に思いついた言葉を付け足してみてください。

「ママね、さっきはあんなこと言っちゃったけど、本当はね……」素直な気持ちをそのまま伝えてみてください。

「いい言葉を言わなきゃ」と正解をいつも探して過ごすよりも「あとから出てきた言葉をその都度付け足せば大丈夫」くらいがちょうどいいです。

自己肯定感を高める言葉はこれじゃなきゃいけないなんて決まってはいません。お母さんであるあなたがその時に言ってあげたい言葉、好きな言葉、言われてうれしい言葉ならどんな言葉だっていい。

もし、とっさには思い浮かばないと思うなら、自分が口にできそうなセリフを紙に書いて、カンペを作っておき目につくところに貼っちゃいましょう。子どもの前で「えっと、ちょっと待ってね…」カンペを見ながら一生懸命伝えようとするお母さんを見せてあげてください。

その姿から、何か変わろうと頑張っているお母さんの思いは子どもに伝わります。そしてそれはきっと、最高の応援になるはずです。

自己肯定感を高める言葉をかけなきゃと構えないで。

10回に1回でも言えたら、それで十分できています！

Bad!

子育ては失敗が許されない

Good!

子育てには失敗がつきもの。失敗してなんぼ！失敗なら戻ってやり直せばいいよ

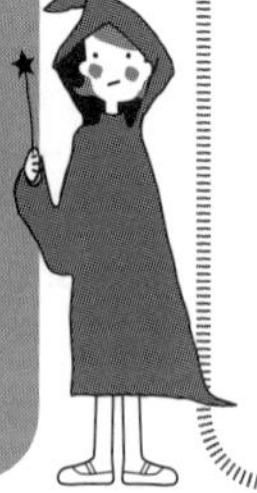

どんなお母さんもはじめはみんな子育て初心者。わからないことだらけですよね。

子育てって自転車と一緒だと私は思います。最初は乗り方もぎこちなくてフラフラして不安定。でも何度も転んでだんだんコツがわかって乗れるようになっていきます。

子育てもこれと同じで、お母さんも数々の失敗を繰り返しながら、少しずつできることが増えてレベルアップしていくのだと思います。

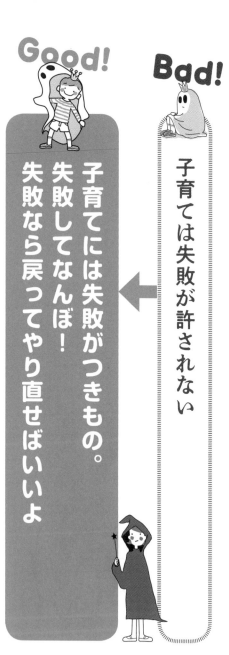

そもそも失敗なんてことも最初から存在しないと私は思います。子育てには「絶対これがいい！」という正解なんてないですから。やってみたこと全部が正解です。失敗と決めているのは自分自身。自分が失敗じゃないと思えば、失敗なんて何もありませんから。

それに、そもそも「失敗」は悪いことでもないしマイナスでもありません。ちょっとしたハプニング。試してみたら意外な結果になったということ。「なるほど～。これを選ぶとこうなるのね」検証の機会が得られたぐらいに思っておくと、失敗も怖くないですね。

発達障害やグレーゾーンの子は、どうしても周りの基準に合わせると失敗と見られてしまいがちです。そんな子どもの姿を見ていると、「またあの子失敗して…」「これじゃこの先失敗ばかりになる」そう感じて心配になりますよね。それでつい、失敗しないように先回りして「こうしなさい」言ってしまいます。失敗を気にするお母さんの姿と言葉から、子どもも「失敗しちゃいけない」と思って、身構え動けなくなってしまう子もいます。挑戦することが怖くなったり、やる前から「どうせダメだから」あきらめてしまう子もいるかもしれません。

でも、そのような子に育てたいお母さんはいないと思います。

「失敗したら、次また頑張ればいい」

という気持ちで乗り切っていけるくらいが生きやすく、そのくらいの気持ちでいられる子のほうが、結果うまくいくように思います。


たとえば、ゲーム「スーパーマリオブラザーズ」はマリオがゴールに向かいますが、道の途中にはたくさんのコインやキノコ、その他のアイテムがあります。マリオはそれらすべてを取れるわけではありません。

取り損ねたアイテムを見て、「あーあ、あのキノコ、とれなかった……」といちいち反省はしませんよね。「まあいっか。次いこう！」と気持ちを切り替え、ゴールに進んでいくのではないでしょうか。

スーパーマリオはあなた自身、取り損ねたコインやキノコは過去の失敗、ゴールは未来です。あなたの元には新しい未来がこの瞬間もやってきます。過去の失敗を気にして反省するのは1分くらいにして、未来の方に目を向ける時間を増やしてみてください。難しい場所にあるコインは無理して取りに行かなくていい。かなわなそうな相手はかわして逃げてもいい。うまく賢くすり抜ける。

どうしても手のかかる子育てですから「失敗なんてあるある」くらいでいきましょう。

似ている「言葉の呪い」

「母親なんだから○○しなきゃ」
↓母親になったからと言って急になんでもできるわけない。だんだんできていけばいいんだから

母親なんだから子ども優先が当たり前

母親だって人間。すべて子どもファーストじゃなくていい

「子育ては母親がやるもの。母親なのに子どもを置いて自分のしたいことをするなんておかしい」この言葉、どこかで見たり言われたりしているお母さん多いんじゃないでしょうか？

周りから言われていなくても、「そうするべきだ」、「それは当たり前だ」と自分自身も思っているお母さんもいらっしゃると思います。

本当はひとりで映画を観に行ったり、買い物に行ったりしたい。でも、自分の時間を楽しむ自分は、子育てをさぼっているんじゃないか、ちゃんと子育てをしていないと思われるのではないか。その罪悪感がいつもつきまとって「我慢。我慢」自分に繰り返し言い聞かせているお母さん、多いんじゃないかと思います。

「自分より子どもを大切にしなくちゃいけない」「母親は自分を優先してはいけない」これもお母さんを縛る強烈な呪いの言葉です。

私はこれまで２０００人を超える発達障害やグレーゾーン、不登校の子を育てるお母さんをサポートしてきました。コーチングのセッションでは、時に私の方からお母さんに課題を出すことがあります。

特に「自分より子ども優先」の縛りが強いお母さんには、どんなことでもいいので自分のやりたいことを次回のセッションまでにやる約束をしていただきます。

すると中には、子どもを産んでから14年目で、ずっと我慢していた一人での映画にやっと行くことができ、その喜びを興奮して報告してくださるお母さんもいます。

自分をいたわる時間はとっても重要。

なぜなら、**自分を大切にできてはじめて子どものことも大切にできる**からです。


第1章でも紹介したエピソードです。

A子さんは、不登校気味の小学生の息子2人のことでずっと悩んでいました。「毎日、2人を学校まで送っているけれど疲れてしまって……」子育てが楽しめないといいます。

そこで、自分のやりたいことを時間を意識して作り、やってみることを約束していただきました。

A子さんはダイエットもかねて、子どもたちを学校に送ったあと、ジョギングをすることにしました。


「学校まで送ったら、そのあと走れる」と思えたA子さん。その時から、学校への道のりも気分が変わり、毎日が楽しくなっていきました。

しばらくすると、子どもたちにも変化が起こりました。長男が自ら学校に行くようになったのです。次男は最初少しぐずっていましたが、長男が「一緒に学校に行こう」と連れ出し、2人そろって毎日登校するようになりました。

2人が学校に通うようになったことで、朝の時間が増えたA子さんは、「マラソン大会で完走する」を目標に、ジョギングの距離を伸ばし、ますます充実した時間を過ごすになりました。

A子さんは自分の時間を楽しみはじめたら、気持ちにも態度にも余裕が出てきて、子どもにもやさしくなれたといいます。それらが子どもにも派生して、大きな変化を生んだのです。今では登校しぶりがあったのが嘘のように、子ども達も朝の楽しみを自分たちで作り、好きなアニメの動画を見てから登校するなど、A子さんも子ども達もそれぞれが生活を楽しめるようになったそうです。

一度きりの自分の人生、自分で舵をとって充実した人生を生きたい。お母さんになる前に思っていたそんな自分の当たり前。それが子どもが産まれてお母さんになったら、「家族のため、子どものために生きなきゃ」と自分をどこかに置いてきてしまったように当たり前が変わってしまう。

どうしてそうなるのでしょう?

それは、子育てが自分の人生のすべてになるほど、お母さんの生活のほとんどを子育てが占めるからです。お母さんになった日から自分で生活リズムを考えて計画的に子育てができるなんてお母さんはいません。子どもはいつ泣き出すかわからない。なぜ泣いているのかも最初はわからなくて、その時その場でバタバタ試行錯誤しながらお母さんはコツを掴んでいきます。子どもの反応に全て合わせる生活が続くのですね。自分のやりたいことは常に中途半端。するといつの間にかそれが当たり前に感じて、「母親は我慢するものだ」となります。周りのお母さんも同じようにしているから疑問にも思いません。そしていつの間にか、自分の人生を考える視点も時間も心のゆとりも忘れてしまいます。これは、お母さんのせいでも子どものせいでもなく、それだけ子育ての負担がお母さんに一気にかかる現状があるということです。

でも、お母さんはなんとなくいつも感じています。「このまま終わりたくない」「私でもやれることがあるなら何かやってみたい」「お母さんになる前みたいに活躍したい」「でも今は無理、できない」

目の前の忙しい子育て中心の生活に追われ続け、このまま社会から取り残されてしまうような気持ちも感じているのです。

忙しい生活に追われ、自分の人生の大半を子育てに占められてしまいやすいお母さんだからこそ、私はこんな風に考えてほしいんです。

「子育ても自分の人生の中の一部分」だと。

自分の人生に、「子ども」という登場人物が増え、子育てという課題が現れ、今はそれをやっている時だということ。お母さんになる前の自分がなくなって、別の自分に生まれ変わるわけでも、別の人生がはじまるわけではありません。だから、子育て期間中も自分の好きなことをおおいにやっていいと思うのです。

あくまでも人生の主役は「あなた」です。

毎日を楽しんでいるお母さんを見て、子どもはきっと「あんな大人になりたいな」という気持ちになるはずですよ。

今すぐ自分のやりたいことをやるのが難しくても、できる日はいつかきっと来ます。その時のために、「空いた時間に本だけでも読んでおこう」「オンラインの講座に参加してみよう」「情報だけは得ておこう」など、今これならできるということをやっておくだけでも、気持ちは全然違うはずです。「いつかやりたいな」の気持ちを持ち続けているだけでも、もうやりたいことに一歩近づけていいます！

Bad!

兄弟は平等に育てるのがいい

Good!

兄弟でも別々の人間。平等より それぞれ違う育て方のほうがうまくいく

子どもが2人以上いると、「どちらも平等に、大事に育てなきゃ」と考えがちです。

でも、発達障害、グレーゾーンの子はとても手がかかるし、ややこしいことばかり。正直言えば、扱いづらい。

一方、もうひとりは定型発達で手がそれほどかからず、しかも甘え上手だとしたら……。「かわいい」と思ってしまうのも当然です。だって、育てやすいんですもん。

えこひいきしちゃいけないとわかっていても、自然としてしまうのは仕方ないこと。母親として失格だなんて、罪悪感を覚えることはまったくありません。

たとえばお兄ちゃんはお兄ちゃん、弟は弟と分けて考えてみましょう。

お兄ちゃんは手がかかる、私と性格も違うから反発もする。弟とは違う。そういう認識でいたほうがずっと楽です。

比較すると、弟のかわいい面ばかりが強調されることもあるけれど、お兄ちゃん単体で見てみると、お兄ちゃんのかわいいところも見えてくるでしょう。

えこひいき、しちゃいますよね。

でもできそうなら、たまに「特別扱い」もしてあげて。

「これは弟には内緒ね」と言ってお兄ちゃんにだけお菓子を買ってあげるとか、弟がいないときにお母さんを独占させてあげるなどしながら、うまくやりくりしましょう。

弟にお兄ちゃんの話をすることで遠回しにお兄ちゃんを立ててあげるなんてのもオススメです。

お兄ちゃんの方が弟よりできることはやはり多いので、あえてそれを取り上げます。例えば、宿題をしているお兄ちゃんを弟と見ながら「お兄ちゃん、あんなにいっぱい字を書いてすごいね！　○○くんもお兄ちゃんと同じ年になったらできるようになるのかなぁ」弟に語りかけながらお兄ちゃんのプチ自慢をしてあげます。

表情に出さなくてもきっとそれを聞いているお兄ちゃんは、うれしくて誇らしい気持ちになるんじゃないかと思いますよ。

Bad!

発達障害の子はすごい才能を持っている

Good!

才能を開花させる人はほんの一握り。子どもが持つ「いいところ」は全部才能！

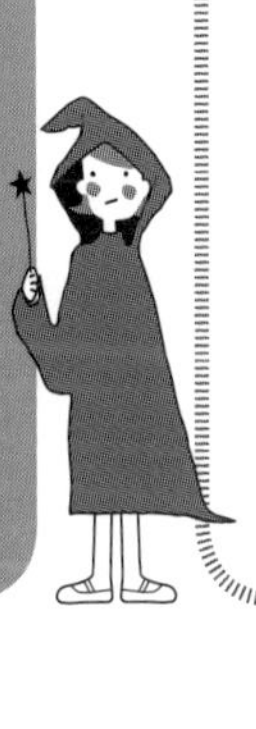

「発達障害の子はものすごい才能を持っているんでしょ」と言われるたびに、「でも、うちの子は天才でもない。手がかかるばかり。この先、ちゃんと生きていけるのかしら」と複雑な思いに駆られる方もいるのではないでしょうか。

たしかに輝かしい功績を残してきた発達障害の人たちもいます。

現在画家として活躍している濱口瑛士さんは、発達障害のひとつ「学習障害（ＬＤ）」で

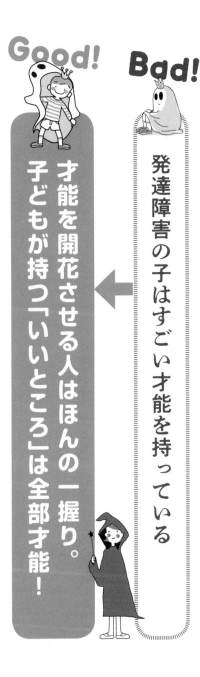

読み書きが苦手でした。そのことをからかわれ、小学6年の頃から不登校だったそうです。しかし3歳から絵を描きはじめ、「絵本を出版したい」という夢を16歳にしてかなえました。

ただ、こういう人たちはほんの一握りにすぎません。

考えてみたらそうですよね。特性がない人でも、有名になるのはほんの一部ですし、大半はすごい才能がなくてもそれなりに人生を生きられています。

偉大なことをする、目立った功績を挙げるばかりが才能ではありません。

あなたが「この子のこういうところいいな」「この子は本当にこれが好きね」と感じることは、すべてその子の才能。

これは、発達の特性のあるなし関係なく、すべての子に共通することですね。子ども自身も親もまだ気づいていない才能はいっぱいです。子どもと一緒に探していく楽しみもありますね。

Bad!

子どもはあなたを選んで生まれてきました

Good!

「私を選ばなくてもよかったのに」と思うことだって、あっていい

「あなたはこの子に選ばれたんです」「乗り越えられるお母さんだから選ばれたんです」

この言葉に勇気づけられるお母さんもいる一方で、この言葉に、人知れず傷ついているお母さんも数多くいます。

「なんで私が選ばれたの？」「選んでくれなくてよかったのに…」わからない、うまくいかない子育て。これはお母さんの正直な気持ちです。でも、その気持ちの裏で、そんなことを思ってしまった自分を責めて「私はなんてことを考えてるんだろう」と落ち込む。

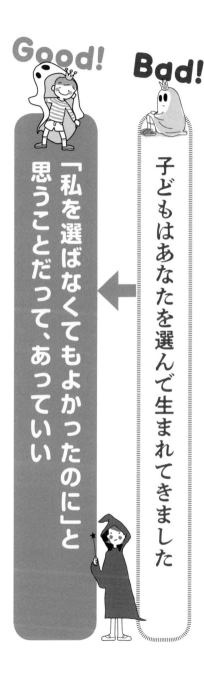

「そうか、私は選ばれたんだ！　たしかに私にはそういう力があるかも」と最初からとらえられる人はほんの一握りじゃないかと思います。

あなたの正直な気持ちに蓋をしないでください。そう思った自分を責めないでください。発達障害、グレーゾーンの子の子育ては、そんな美しい言葉で片づけられるものじゃないですから。その大変さは、携わったことのある人にしかわからないです。

「私を選ばなくてもよかったのに」と思うことだって当然あります。そんな自分の感情を否定せず認めてあげてください。

もし今後、このような言葉にまた出会った時は「お、出たな！」「言わせとけばいいさ～」このくらいで聞き流しましょう。

深く考えることも、この言葉を肯定的にとらえようとする必要もまったくありません。

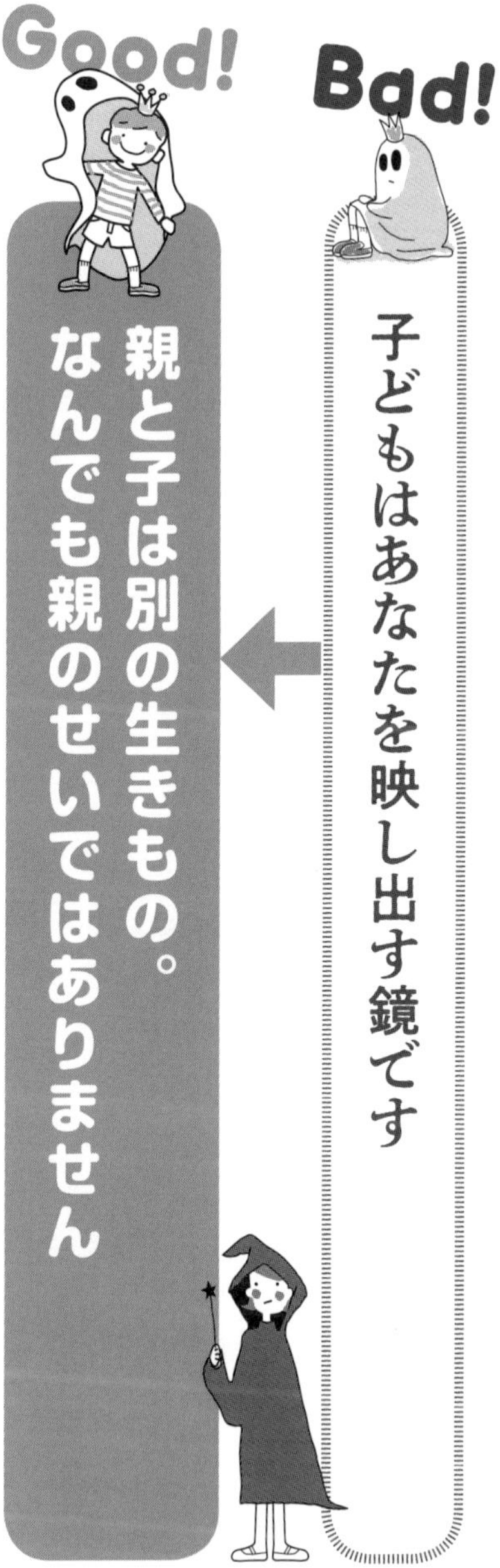
Bad!
子どもはあなたを映し出す鏡です
Good!
親と子は別の生きもの。
なんでも親のせいではありません

「子どもは親の鏡」この言葉を一度は目にしたことがあると思います。アメリカのドロシー博士の詩の言葉で有名です。

ドロシー博士はこの詩で、あることを伝えようとしました。それは「子どもは親を手本にして育つ。親の姿こそ子どもに最も影響を及ぼす。だから親は子どもの鏡となっていることを忘れずに普段行動することが大切」ということです。

親は子どもにとっての一番身近なモデルです。だから親の行動を見て子どもは学び、育っていきます。これはとても大切なこと。将来子どもが社会で生きられるように、親の自分は正しい行動をしていかなきゃという意識を持って子育てしているお母さん、お父さんは多いでしょう。

でも、この言葉には**強いプレッシャー**が隠れていると私は思っています。


こんなことを思うことはありませんか？

「この子が周りと同じようにできないのは全て親である自分のせいなんじゃないか」

「子どもが困ったことをするのは、全て親の自分に原因があるんじゃないか」

間違ったことを子どもに見せちゃいけない、してはいけない。私がこの子をしっかりした子に育てなきゃいけない。

子どもの人生がまるで親である自分の子育ての仕方にかかっているようなプレッシャーを感じるお母さんもいると思うのです。


でもちょっと待って。

親子であっても全く同じ人間ではありません。

親と子は違う生きもの。それぞれ全く違う人格を持つ一人の人間です。

そしてさらに、子どもに発達障害の特性がある場合、親子であっても違うことはより多くあります。

発達障害、グレーゾーンの子はもともと持っている苦手さや発達の偏りによって、周りとトラブルを起こすこともどうしても多くなりやすいです。もしそれらの原因すべてが親の行動のせいだなんて考えたら、たまったものではありません。

だから、こんな風に思ってみましょう。

「私の子育ては、子は親を映す鏡という考えからはちょっと外れる超レアな子育て。だから当てはめる必要はないわ」って。

発達の特性が原因となって起きる行動や問題は、お母さんのせいでも子どものせいでもありません。よくある子育ての常識が全然合わないことの方が多い子育てをあなたはしているということ。

この超レアで難易度ＭＡＸの子育てを今こうして頑張っているだけで満点なのです！

私は私。この子はこの子。関わることが難しい子育てだからこそ、境界線を引くことが必要です。

似ている「言葉の呪い」

「親がこれだから、子どもが……」
「子どもを見れば親がわかる」
「親を見て子は育つ」
「親の顔が見たい」

第3章

呪いのように
お母さんを縛る言葉

Bad!

親のネガティブな思い込みは子どもに伝わります

Good!

ネガティブな思いはあって当然。自分の中の「こんな思い」も認めてあげよう

「親のネガティブな感情は子どもに伝染する」と言われることがあります。

それを聞くたびに、「どこからどう伝染するんだ？　科学的に証明してよ」私は心の中でいつもツッコミを入れています（笑）。

そもそも、この言葉の裏には、「ネガティブな思い込みがあるのは悪いことだ」という意味合いが含まれています。でも、親だからっていつもポジティブではいられませんよね。

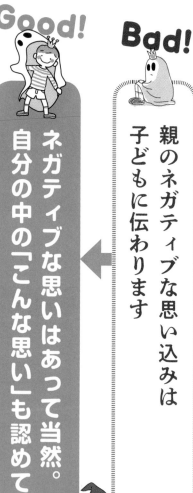

人間なので時にはネガティブなことも思ってしまうし、ネガティブなことを口にしてしまうこともあります。でも、それでいいんです。

大事なのは、ネガティブな思いも持ち合わせている自分に○をつけてあげることです。

ネガティブな状態に陥ったときに、「こんなんじゃダメだ！」「頑張らなきゃ！」「前向きに、いつも笑顔でいなきゃ！」「スマイルスマイル！」と、無理してポジティブになろうとする必要はありません。

台風がやってきたときには、過ぎ去るまで家でじっとしていますよね。そのうち暴風雨は去ってお日様が出てきます。それと同じです。

「あ、今ネガティブモードだな」と思ったら、ピークが過ぎるまで待ちましょう。「お母さん今、ちょっとテンション低いから、少しひとりにしておいてくれる?」と家族に宣言し、誰ともしゃべらない時間をつくってもいいでしょう。自然とテンションが戻るまで気長に待ちましょう。

子育てしていたら、いつもポジティブではいられません。ネガティブな思いを抱くのは当然。悪いことではありませんし、それが子どもにうつることもありません。

親は親。子どもは子ども。だから**安心して、自分の素直な感情を大事にしてください。**

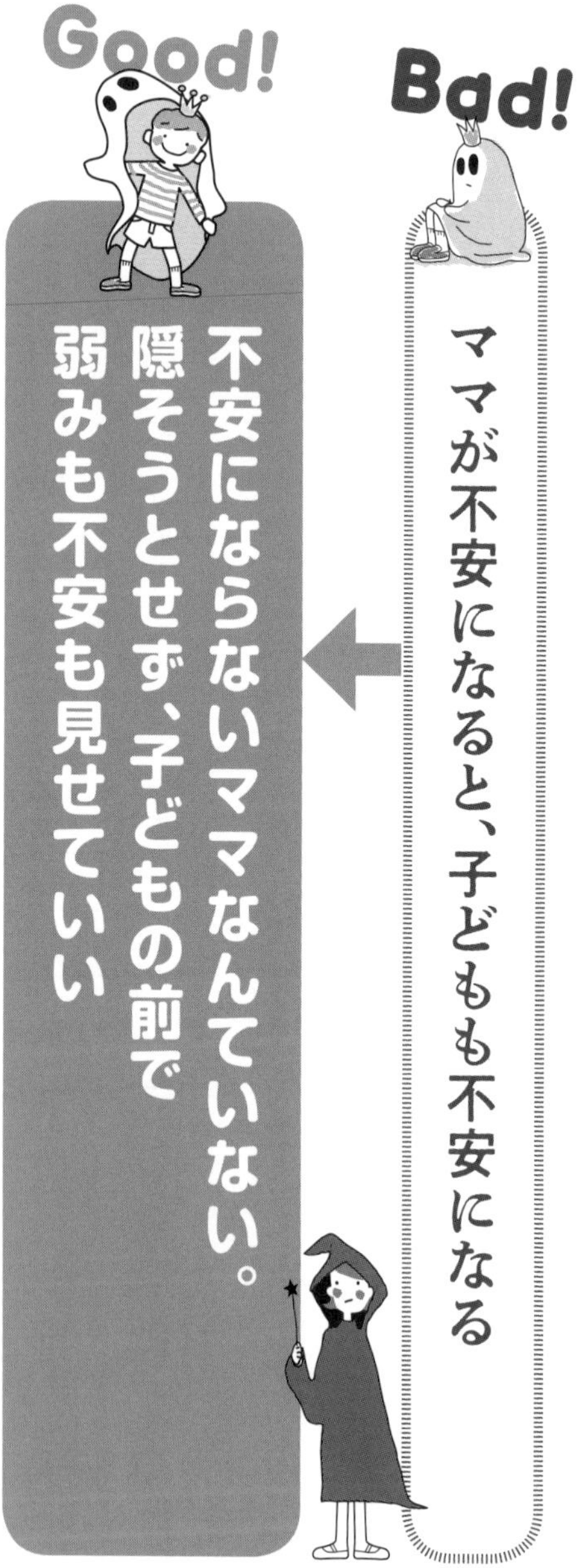

ママが不安になると、子どもも不安になる

不安にならないママなんていない。
隠そうとせず、子どもの前で
弱みも不安も見せていい

「お母さんの不安は子どもに伝染します」という言葉、子育て本やブログなどでよく目にします。

そのたびに、「ここにも呪いが！」と私は思います。

今の世の中、不安を覚えない人なんているのでしょうか。

それに、子どもが親の不安を感じ取るのはごく自然なこと。そして親が子どもの将来を考え不安になるのも当たり前のこと。悪いことは何もありません。

心の中の不安をためておくと、どうなるでしょう？

不安を打ち消すために「もっとやらなきゃ！」「頑張らなきゃ」という焦りが生まれます。すると次に、「こんなに一生懸命やっているのに、この子はちっとも変わらない！」「こんなに悩んで頑張ってるのは私ばかり！」と怒りへと変わり、その矛先が子どもに向いて「どうしてわからないの！」子どもを責めてしまうことも。子どもだけじゃなく、「私がダメだから、子どもは変わらないんだ」「どんなに頑張っても私じゃ無理なんだ」と自分を責めることが止まらなくなったりもします。

まじめなお母さんほどこの傾向は強いと感じます。

不安を隠す必要なんてまったくありません。

「ママね、本当は不安なんだ…」と、その気持ちを口にしていいのです。

むしろ大人が不安な気持ちを共有してくれることで、子どもは安心でき、「不安を出していいんだ」と思えるのです。

不安を覚えるのは当然のこと。それを無理に打ち消そうとしなくていいですよ。

似ている「言葉の呪い」

「大人なんだから泣いちゃいけない」

↓大人だって人間だもの。泣いてもいい。泣き顔を子どもに見せていい

Bad!

ママが笑顔だと子どもが安定する

Good!

いつも笑顔なんて、ムリムリ！ママは人間。女神様ではありません

お母さんはいつも笑っていて、おおらかで、女神のような存在でいるべき？
とんでもない！
お母さんはひとりの人間。いつも笑顔なんて無理です。
たとえ笑顔は見えなくても、お母さんの心が落ち着いている、気持ちに多少の余裕はある、少なくともどん底だとは感じていない。それで十分です。

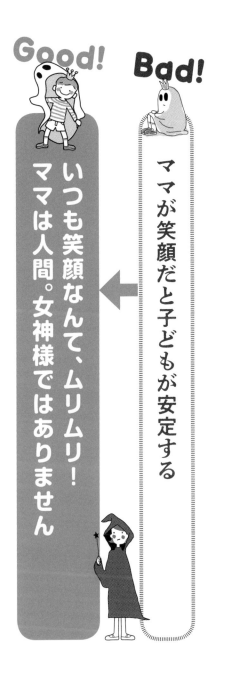

いつも笑顔のお母さんを見せようと頑張る必要はありません。

無理して笑おうとする方がすぐに子どもにバレます。笑えないときには無理して笑わなくていい。引きつった笑いや作り笑いは疲れますからやめときましょう。

今、笑える状態になくても、自然と表情にあらわれる時が来ます。

子どもには、「ママは今、笑顔になれないんだけど、怒っているわけじゃないからね。エネルギーがたまるまで少し待っていてね」と言えばいいです。

似ている「言葉の呪い」

「母親なら誰でも、子どもはかわいいと思うものだ」

↓最初からかわいいと思えなくても大丈夫。周りを頼って、まずは心の余裕をつくって

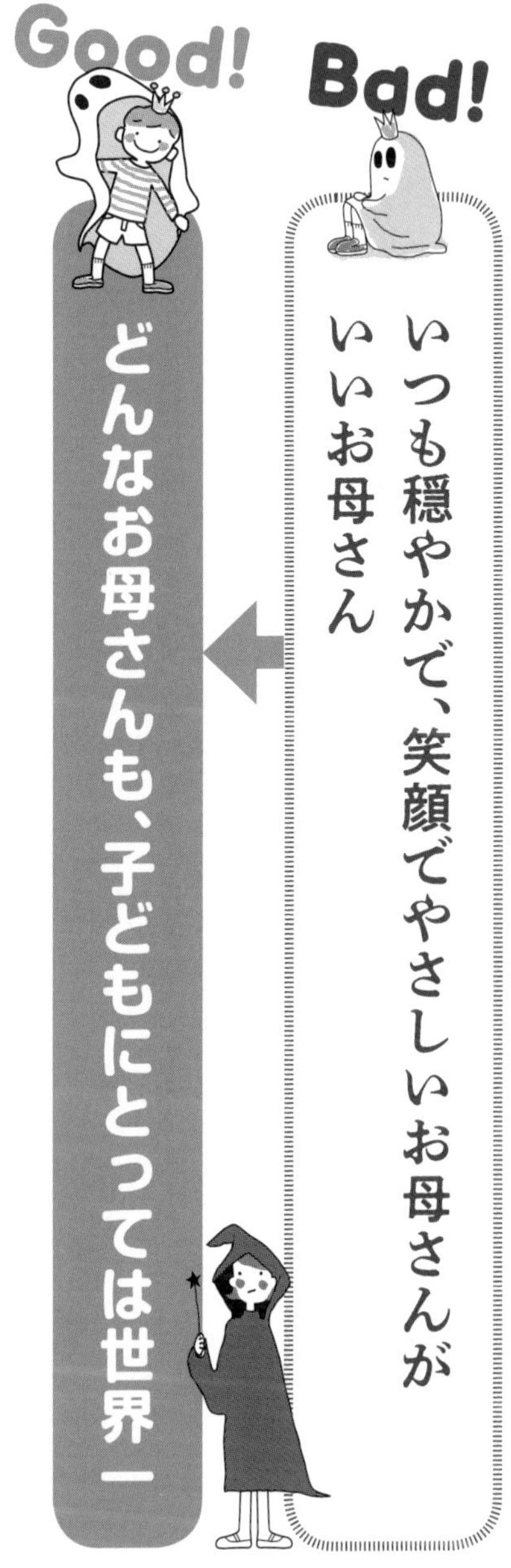
Bad!
いつも穏やかで、笑顔でやさしいお母さんが
いいお母さん
Good!
どんなお母さんも、子どもにとっては世界一

「いつも穏やかで笑顔でやさしいお母さんでなければ」と考えがち。
でも、本当はどんなお母さんでも子どもにとっては世界一なんです。
こんなお母さんが良い、悪いなんて基準はどこにもありません。
だから、**気にしなくていい**んです。

とはいっても、穏やかじゃないより穏やかでいられる方がお母さん自身も気分がいいですよね。

穏やかなお母さんになる近道は、穏やかになるための方法を勉強するよりも、穏やかになれる時間を積極的につくることです。

たとえば、子どもたちが寝た後にハーブティーを飲みながら読書する、週1回は自然の景色を眺めるようにする、疲れを少し減らすために仕事量を少しセーブするなど、今の自分にできることを考えてみましょう。

あるお母さんは、毎朝子どもが起きてくる前に必ずコーヒーを煎れてゆっくり飲むことで穏やかさを取り戻し、またあるお母さんは、1日1回本を読む時間を確保して自分に戻ることをされています。

どんなお母さんであっても子どもにとっては大好きなお母さんです。

いろんな言葉に振り回されず、そのままのあなたで大丈夫です！

ママが変わると、子どもも変わる

変わるより今の自分を大事に

「他人と過去は変えられない。自分と未来は変えられる」と言われます。相手を変えるのは難しい。でも、自分が変われば相手も変わる。コーチングはこの認識がベースにあります。

サポートしているお母さんからも「子どもじゃなくて私が変わらなきゃいけないんですよね」という声をよく聞きます。完璧主義な人ほどその気持ちが強いようです。

しかし、**発達障害、グレーゾーンの子の子育てに限って言えば、これはなかなか難しい**ことだと私は思うのです。

「変わりたい」という強い気持ちの裏には、「理想のお母さんに近づきたい」という思いがあります。理想像は人によってさまざまですが、共通しているのは、「理想のお母さんは◎で、今の自分は×」という思いです。

でも、実際のあなたは今のままでいいところがいっぱいあります。

変わることを考える前に、今の自分の「できていること」を見て、認めてあげましょう。どんな小さなことでもいいので、「ここはできている」「ちょっといいかも」を探してみましょう。必ずあります。

それができたら、「現状にプラスしたらもっとよくなること」を考えてみましょう。今の自分を消去してリセットするのではなく、今の自分は大事にしながらバージョンアップさせる感じです。

今のいいところを残して足りないものを足していくほうが、新しいものを一から作るよりずっと簡単ですよね。

全部をガラッと変えるなんてしなくていい。
今あなたが できていることはいっぱいあるのですから。

お母さんの代わりは誰もいないんです

お母さんは世界にひとり。でも、代わりにやってもらえることはたくさんある

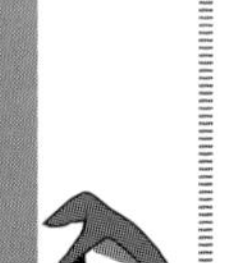

このような言葉を言われたら、とても苦しくなってしまいますね。

あるお母さん、初めての発達外来の受診で医師にこう言われたそうです。「お母さんが頼りですよ。お母さんの代わりはいないので、覚悟を決めてくださいね」

こんなことを言われたら、ただでさえ心細いのに、苦しくて逃げたくなって泣いちゃいますよね。

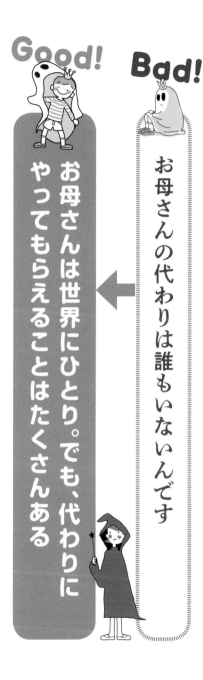

「自分がいなくなったらどうしよう」

「全部、自分がやらなければ」という気持ちになってしまうのではないでしょうか。

まるで常に崖っぷちに立たされているような感じ。「お母さんをこれ以上苦しめないで！」と私は叫びたくなります。


たしかに、**子どものお母さんはあなたひとり**。

でも、**子育てはお母さんだけがするものではありません**。

手のかかる子育ての場合はなおさらお母さん一人でなんて無理です。お父さん、おじいちゃん、おばあちゃん、先生、近所の人など、子どもにかかわるすべての人を巻き込んで子育てはやるのが当たり前くらいじゃなきゃ、やってられません！


そもそもお母さんじゃなきゃできないことって、考えてみるとあまりないんです。むしろお母さんじゃなくてもできることの方が多い。

勉強は学校や塾の先生に任せよう。休日の遊びはお父さんに。うるさく叱る役はお婆ちゃんに。隣のママ友はほめるのが上手だからいっぱい子どもをほめてもらおう。

こんな風に上手に周りの人の力を使わせていただきましょう。

ひとりで抱え込まない。
人でもサービスでも、使えるものはどんどん利用しましょう。
そして自分のことをほめてくれる人も忘れずに確保しましょうね。

お母さんだってわからないことはあって当然。
だって発達の特性がある子の子育ては全くの初心者。それでいいんだもの。

似ている「言葉の呪い」

「子育ては母親の役目」
↓母親だけのものではありません。周囲の人みんなでかかわっていくもの

Good!　Bad!

親なんだから……

子どもの保護者ではなく「応援者」になろう

「親なんだから～するべき」「親なんだから～してはいけない」お母さん自身からも、そして周りからもこの言葉ってたくさん出てきませんか？

「親なんだから」という言葉の裏には、「親なんだから、子どもをしっかりと育てるべき」という縛りが隠れています。

親は子どもを守り正しい方へ導くものだという考えがあるからです。つまり「保護」する立場だという認識ですね。

でも私は、**親がいつまでも保護者である必要はない**と思っています。

最終的には、親は「子どもの応援者」になることの方が大切だと思うのです。

子どもはずっと子どものままではありません。いつかは独り立ちして生きていきます。どのお母さんも、子育ての目的の一つには「子どもが自立すること」があると思います。ここでちょっと「自立」という言葉の定義を確認したいと思います。

「自立」と似ている言葉に「自律」がありますが、この二つの違い、わかりますか？

「自立」は、自分以外のものの助けや支配を受けずに、自分の力で物事をやっていくこと。

「自律」は、自分で立てた規範に従って、自分の事は自分でやっていくこと。

似ていますがちょっと違います。

「自立」は行動面のことを主に言っていて、「自律」は気持ちのことを主に言っています。


つまり、私たち親が「子どもの自立」を目指して子育てをするとき、「自律」も一緒に考える必要があるのですね。自分で判断し考えて選択し決断できる「自律」の力があって、自分で行動する「自立」ができるのだと思います。

親が子どもを守る「保護」を続けていては、いつまでも子どもは「自律」も「自立」もできないままです。子どもが自分で考えてみる力、自分で行動してみる力を子どもの成長段階を見極めながら育てていくことが必要です。

だから、こんな風に考えてみてほしいんです。

親は「保護者」ではなく「応援者」になっていこう！

保護者というのは、相手を「保護」する立場なので、上に立って指導する上下関係が生まれます。子どもが10歳くらいまではこの関係でいい。でも、子どもの成長に合わせて「応援」に変えていくこと。つまり〝子育てのシフトチェンジ〟を親も定期的にしていくことが必要なのです。

でもこの子どもの自立って、お母さんにとってすごく大きくて重い課題ですよね。私も同じです。子育ての永遠のテーマじゃないかなと感じます。

お母さんは子育てしながらいつも「親なんだから教えなきゃ」「できるようにさせなきゃ」というプレッシャーをどこかで感じています。すると、いくら言っても子どもができないと、「こんなに教えたのになんでできないのよ！」とイライラしてしまったり、「私の教え方が下手からだ」と自分を責めたり自信をなくしたりしがちです。

子どももまた、いつまでもお母さんが口を出して指示してくれるので、お母さんがあれこれ言ってくれるのを待つようになるかもしれませんし。お母さんが言うようにはできないので「僕はできないからダメだった」と考えるかもしれません。

しかし、「保護者」から「応援者」の側に立ってみると、子どもに対する見方も関わり方も大きく変わります。

応援者は対等な関係。ひとつのチームです。

たとえば、テニスのダブルスの試合で、チームの相手がミスしたらどうしますか？「なに失敗しているの！」とミスを指摘したところで勝てません。「どんまい！　落ち着いて。次、頑張ろう！」と気持ちを盛り立て、次につなげるのではないでしょうか。

親子関係もそれと同じです。

親のほうが先に生まれた分、いろいろな経験を積んでいるから教えてあげられることが多いのはたしかです。でも、子どものほうが勝っていることも実はたくさんあります。ゲームや携帯電話の操作なんて、子どもにはかなわないことも多いですよね。

親の私たちだってできないことだらけでした。いっぱい失敗してやってみてできるようになってきました。

発達の特性がある子であっても通る道は同じ。

進む速さはゆっくりで、寄り道したり間違えたりも多いと思います。

でも今子どもは、遠回りしながらいろんな経験をして学んでできることを増やしている真っ最中。

できないことの方が多くて見ていてもどかしいかもしれませんが、どうか後ろから見守

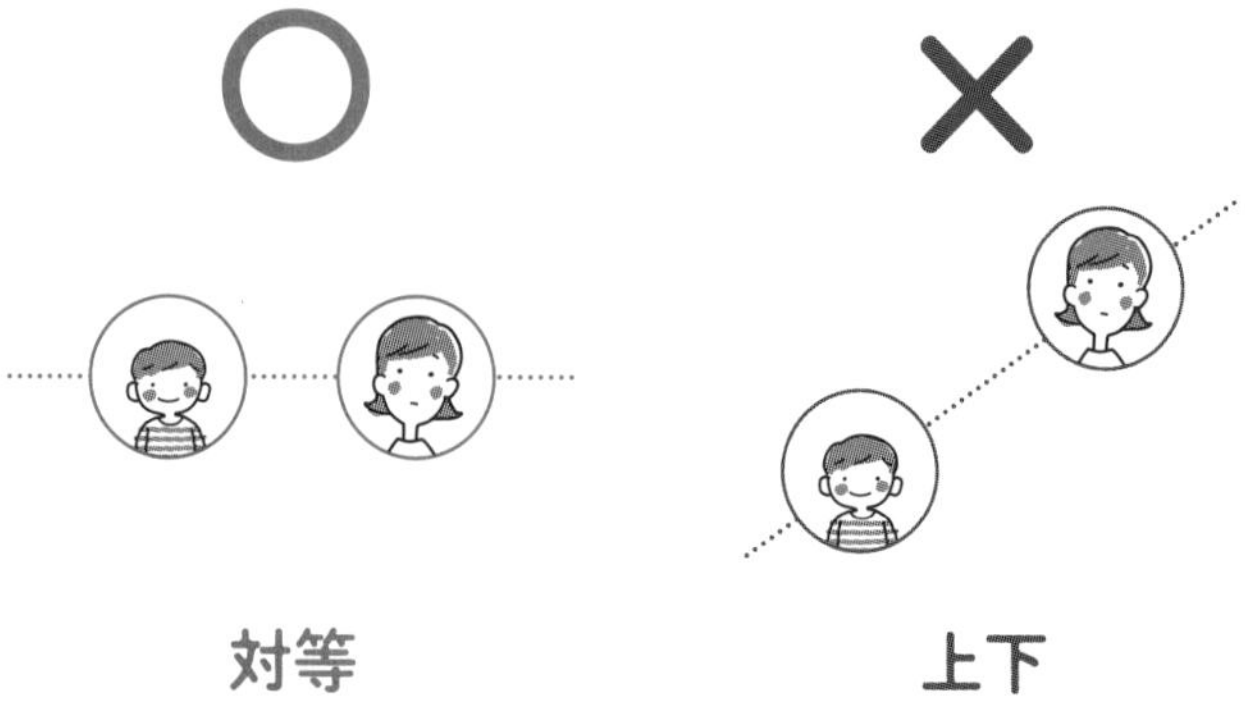

って応援してあげてください。

それから、応援は「がんばれ！」と励ますだけが応援ではありません。

実は、**親の弱さを見せることも子どもの応援になります。**「お母さんわからないから教えてくれる？」子どもに頼ってみてください。

立場が逆転することで、いつもは見られない子どものたくましい姿を引き出してあげられますよ。

「応援者」は上下じゃなく横並びの対等な関係です。

どうか親はどんなときも子どもの「100％味方」でいてください。

子どもと同じ目線に並んで世界を見てみましょう。世界中で一人お母さんという最強の味方がいるのといないのとでは、天国と地獄ぐらい違う。私はそう思います。

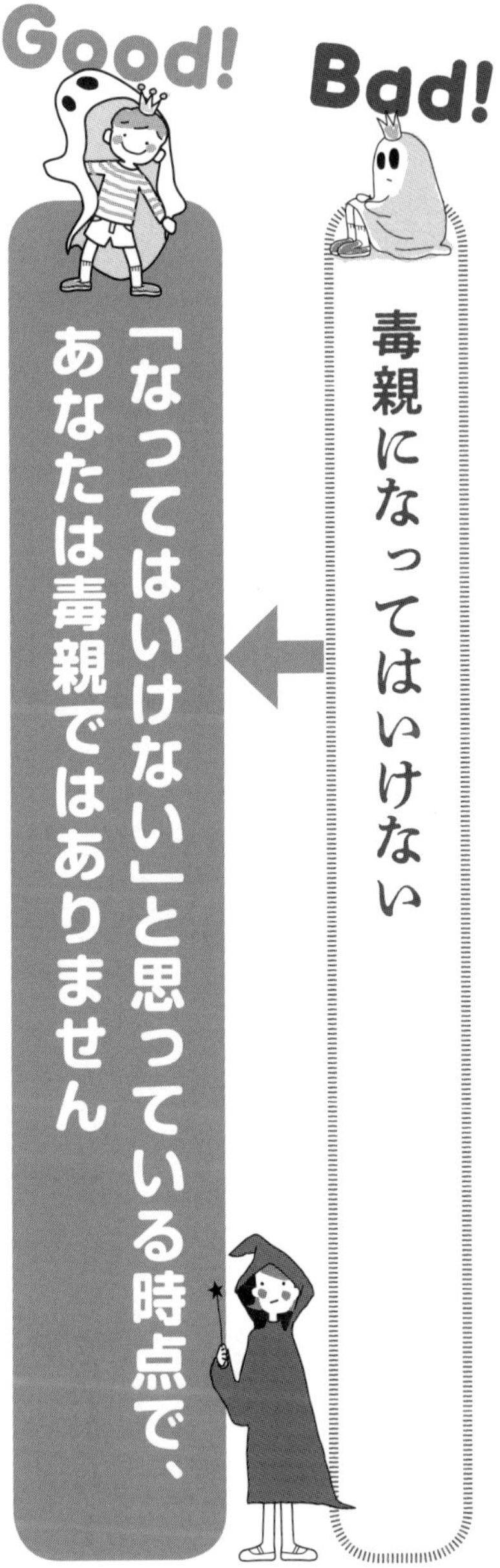
Bad!
毒親になってはいけない
Good!
「なってはいけない」と思っている時点で、あなたは毒親ではありません

「毒親」という言葉、耳にすることが増えているように感じます。

過干渉、過保護、子どもを自分の思い通りにしようとしてあれこれ言う親のことです。

「ヘリコプターペアレント」とも言われますよね。子どもをずっと監視する親のことです。

今風だと「ドローンペアレント」の方が近いかも。

このような毒親に「自分はなってはいけない！　ならないように気をつけなきゃ！」と過敏になって、子どもへの言葉のかけ方や叱り方を気にするお母さんが増えているように感じます。ちょっと怒鳴った、きつい言い方をしただけでも、「子どもを傷つけたかも…」と気になり、自分を責めてしまうお母さんもいます。

いやいや、全然毒親なんかじゃありません。人間ですからそりゃ怒ります。感情むき出しのスケバンになることだってあります。そのくらいでは毒親には当たりません。

毒親かどうかの違いは、「自覚」の違いです。自分を見失わずに持っているかどうかです。そもそも、本当の毒親は自分のことを「毒親かも？」なんて思いもしないでしょう。

ちょっと手が出ちゃったことに「たたいてしまった。どうしよう……」と悩むお母さんは毒親ではありません。

このようなお母さんは自分を見失っていないので、「このやり方は違う。変えた方がいい」と感じて周りへの相談などで変わっていけます。

しかし、「私は悪くない、子どもがいけないの。何度たたいてもわからないんだから」と自分の行為が自覚できていない場合はちょっとまずいかも。

ただ、紙一重のお母さんが増えているのはたしか。それだけギリギリの状態にいるお母さんが多いからです。

一線を越えてしまわないためにも、子どもに全てを注ぎかかり切りになるのではなく、自分の時間をつくり、自分を取り戻しましょう。

ママお休みの日をつくる、大好きなお菓子を食べる、ゆっくりお風呂に入る、ヨガをするなど、よくスケバンになってしまう時こそ、あえて意識して自分を大切にしましょうね。

Bad!

専業主婦で働いていない自分はわがままを言ってはいけない

Good!

子育ても立派な仕事。今は自分にプラスになるものを吸収する時期

お母さんたちの中には、子どものために仕事を辞めたり休職している方もいるでしょう。

あるいは、もともと専業主婦という方もいらっしゃると思います。

もしかしたら、「働いていない私はわがままを言ってはいけない」「自分の好きなことをしてはいけない」と考えている人もいるのではないでしょうか。

「働かざるもの、食うべからず」の言葉が重くのしかかり、仕事をしていないことにうしろめたさを感じてしまっているのかもしれません。

私も専業主婦だった期間、自由にお金を使わないようにと自分に制限をかけていました。

でも思うんです。専業主婦ほど大変な仕事はないって。

特に発達の特性がある大変な子育てをしているお母さんたちは、一般の子育てとは違う難しさがあり、やることも驚くほど多いので忙しさも半端ないです。療育や訓練、病院の受診、検査に放課後デイ、学校の先生との連携に習い事、塾など。これらはすべて立派なお仕事です。この仕事があるから子どもも家族も安心して毎日を過ごせています。

外に出て働くだけが仕事ではありません。罪悪感を抱く必要はまったくありません。「いやぁ～。私本当にすごい！　私めっちゃがんばってるわ～！」むしろ堂々と今のあなたのがんばりを讃えてください。

やりたいことも我慢せずにやりましょう。自分にやさしくできるから、子どもにもやさしくなれます。お母さんというすごいお仕事をしている自分をたくさんいたわってあげてください。

誰がなんと言おうと私は声を大にして言います。

お母さん、あなたのおかげです。いつも本当に本当にありがとう。

夫婦が仲良くないと、いい子に育たない

夫婦は違って当たり前。自分の場合の「ちょうどよさ」を見つけよう

夫との関係に悩んでいるお母さん、実はかなり多いんです。夫の理解がない、夫が話を聞いてくれない、きつい言葉を言われる、考え方が違うなど。

特に、このコロナ禍で、在宅ワークをする機会が増え、一日中家で顔を合わせなければいけなくなって、そのストレスがさらに増え、夫と毎日のようにケンカという人もいるのではないでしょうか。

そのようなときに、「夫婦が仲良くないと…」この言葉を聞いたら……心がザワザワしま

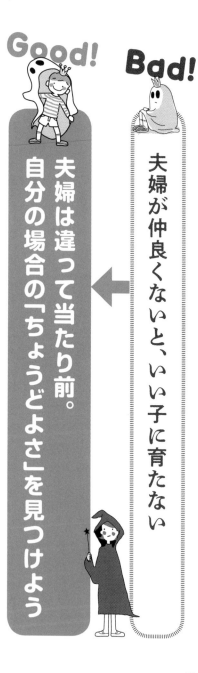

すよね。

３人の子どものお母さんＹさん。Ｙさんご自身はもともと自宅でお仕事をしていました。夫が在宅ワークになってから、それまではなかったイライラが日に日に増えていき、どんどん夫が嫌いになっていく。このイライラの正体は一体何なのか。Ｙさんは私と一緒にセッションの中で考えてみました。そしてわかったことは「夫に期待しすぎている自分がいる」ということ。

家で仕事をしているのは同じ。家事も子育ても助け合ってするのが当たり前だと思っていたＹさん。自分が忙しい時はお父さんなのだから自分に代わって子どもの勉強をみてくれるのを期待していました。しかし、こちらがお願いしなければいっさい何もしようとしない夫。お願いすると今度は子どもを怒って泣かせてしまう。最後は子どもが「お父さん嫌い！」と訴えてくるほど。こちらの期待通りに上手くいかない現実と、期待しすぎだとわかっているのにそれでもまだ夫に期待してしまう自分に腹が立ち、「なんでやってくれないの？」「どうしてわからないの？」夫によって自分の感情が振り回されているように感じていたのです。

どこかで甘えたい自分がいる。夫婦協力して子育てをしたい自分がいる。でも残念ながら夫はそれに応えるのは難しい人。理想とは程遠い現実に落ち込んでしまいました。

けれどYさんはそこからすぐに復活しました。それは、こんな風に考え方を切り替えたからです。

夫婦は一番近い「赤の他人」。違って当たり前で、わかり合えないことはあって当然。

期待してもいいけれど、夫ができないことをやってほしいと期待するんじゃなく、夫が確実にできることをやってもらおう。

こんな風に考えられるようになったYさん、その日から気持ちがスッキリし、夫に振り回されなくなりました。「このくらいの距離の取り方でいると私はご機嫌でいられる」という自分の場合の調度良さを見つけたのですね。

夫婦だからこそ、このくらいのゆるさがちょうど良いと私は思います。
夫婦が相思相愛じゃなくても、ほどほどの仲の良さでも子どもは育ちます。
夫婦の違いをむしろうまく使って、ゆるく賢くやってみましょう。

第4章

心配、悩み、解消しましょう ——学校生活、しつけの思い込み

Bad!

学校には行かせなければ……！

Good!

学校に行かなくても命はなくならない。なんとかなる

「学校は行くものだ」「学校に行くのは子どもの務めだ」というのは、特におじいちゃん、おばあちゃん世代に根強くある呪いです。

Hちゃんは小学1年生にあがったばかり。登校3日目から「学校に行きたくない！」と言い出しました。夜は寝落ちするまで大泣き。

ところが、夫やおじいちゃんは「学校は有無を言わせず通わせるものだ」「とにかく行かせなければ」と言います。毎朝、電柱にしがみついて嫌がるHちゃんをお母さんは脅してなだめてを繰り返しながら、無理やり登校させました。

Hちゃんのお母さんも本当はわかっています。

何が一番大事なのか。

大事なのは学校に行くことではない。本当に大事にしたいのは、子どもが笑顔で楽しく毎日を過ごせること。

だから、本当に子どもが学校に行きたがらないなら休ませてあげたい。行きたくない気持ちを受け止めて支えてあげたい。

だけど、わかっているのになかなかそれができない自分がいる。

自分もまた「学校は行くもの」という当たり前の考えの中で生きてきたので、そこから外れるのが怖くて、なかなか「休んでいいよ」とは言えない。

学校を休むことを「子どものわがままだ」「子どもが甘えているからだ」と言う人もいます。

でもよく考えてみてほしいのですが、学校を休んじゃいけないことは、子ども本人が一番よく知っているんですよね。

それでも、自分を守るにはもう他に選択肢はないというくらい、追い詰められた状態にいるからなんですね。

学校に行けない子、わがままな子なのではなく、「学校を休みたい」と言えた勇気のある子、自分を大事にできる子なのだと私は思っています。

「学校に行きたくないと子どもが言ったら、なんて言ってあげればいいですか？」時々お母さんから質問されます。

私はいつもこう答えます。

「そうか。行きたくないんだね。どうしてそう思う？」

まずは行きたくない気持ちを受け止めてあげて、そしてその後、行きたくないという言葉の裏にある、子どもの気持ちや原因となっていることを丁寧に把握してあげてください。

学校に行きたくない原因は、どの子にも必ずあります。

勉強がわからない、先生が怖い、クラスに苦手な子がいる、お母さんから離れたくない、教室がうるさくてしんどい、学校は忙しくて疲れる、友達の輪の中に入れない……子どもが学校に行きたくないと感じるその原因を、しっかり聞いて探って知ってあげてください。

子どもに聞くだけでは情報は足りないこともあります。原因を子どもから聞き出そうとするほど、かえって子どもはプレッシャーを感じて話せないかもしれません。子どもはまだうまく説明できないことも多いので、早めに先生に連絡をして細かい事実確認をしてみましょう。「何か思い当たることはありますか？」「うちの子はどのようなことを言っていますか？」「原因は何だと思いますか？」子どもが困っている原因を探ってしっかり把握してあげてください。

原因がつかめたら、その原因を解決するために何ができそうかを子どもと考えてみましょう。

例えば、学校の教室に入ることが不安で行けないということがわかったなら、「どんな助けがあったら違うかな？」「先生にどんな風に説明してみよう？」「教室じゃなくて他の場所だったら入れそうか？」「行けそうな時間はどれだろう？」「誰かと一緒なら安心かな？」など、とにかくこれならできそうという細かいステップを一緒に考えて、できることからやってみましょう。

「学校に行きたくない」と子どもが言った時、私たちはまるで反射のように「学校を休ませないように何かしなきゃ」と考えがちです。それは、子どもの気持ちよりも、休んじゃ困るという自分の気持ちが優先してしまうから。親の自分が安心したいために、子どもを無理に学校に行かせるのは、何の解決にもなりません。それをしてしまったら、子どもはお母さんを信頼できなくなってしまいます。「僕の気持ちなんて誰もわかってくれない」せっかく勇気を出してSOSを出したのに。一番わかってほしい親がわかってくれなかったら、子どもは孤立してしまいます。

親だけは子どもの側に立ってあげられるように「学校は行くものだ」の縛りを「学校に行かなくても命は取られない！」くらいにゆるめてみてください。

似ている「言葉の呪い」

「学校は1日休むと癖になる（ずるずると行けなくなる）」
「学校に行かせないあなたは（母親として）弱い」

↓学校を休むことは法律で認められた権利。学校に行くことだけが正解ではないです！

先生に迷惑をかけてはいけない

先生は子どもの成長を応援する協力者のひとり。子育てにうまく巻き込もう！

学校という環境に長くいたからでしょうか。先生は偉い、だから先生には従わなければいけない、先生には意見してはいけないと私たちは考えがちです。

だからでしょうか。子どもに必要な支援をお願いしたいのに、「先生に迷惑をかけるんじゃないか」「うるさい親だと思われて子どもが困ることになるんじゃないか」悩んでしまい、支援をお願いできないお母さんもいらっしゃいます。

もし本当に迷惑だなんて言う先生がいたら、私に連絡をください。はっきり言ってその

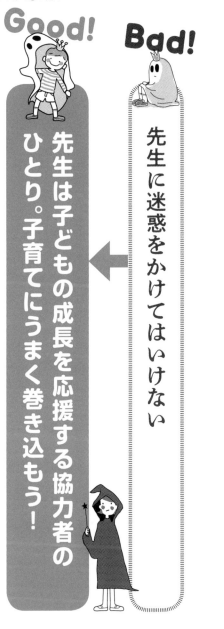

先生が間違っています。私も特別支援学校の教員を10年近くやっていたからこそ言えます。先生は子どもの成長を学校で応援するプロです。子どもに支援が必要だと感じているお母さんの話を聞いて、何ができるか一緒に考えるのがプロの仕事です。

それに、迷惑だなんて思う先生は先生という職業をなぜ選んだのか疑問に思います。先生という職業を選んだということは、子どもの成長を応援したいという思いがあるからです。

その先生という仕事を選んだのですから、そんなに偉くて傲慢な人はほとんどいないはずだと私は思います。だから遠慮せずにいっぱい頼っていっぱい力を借りましょう。

先生と親は、ともに子どもを応援する「応援者同士」です。

先生とのコミュニケーションは、先生と戦うことでも、先生を敵に回すことでもありません。先生は学校にいる協力者であり応援者。そして子どもの味方になってくれる人。私たちは家庭で子どもを応援する役です。それぞれの場所で協力しあって子どもを育てています。どんどん頼りにして、その力を使わせていただきましょう。

ただ一つ注意が必要なのは、先生も人間なのでいろんな人がいます。とても発達障害に理解があり支援に協力的な先生もいれば、こちらの思いとは噛み合わない先生もいます。「この先生は力になってくれそうか？」がわかると、先生との関わり方や支援のお願いの仕方も工夫できると思うので、見極めのポイントの一つをご紹介しますね。

それは、先生の教師経験年数。

経験年数が長い「ベテラン」と呼ばれる先生は、もしかしたら支援の理解や協力の難しさがあるかもしれません。もちろん全てのベテランの先生が難しいわけではありませんが、担任がベテラン先生の場合のお母さんの悩みが多いのは事実です。

ベテラン先生は豊富な経験や実績から自身の指導に自信を持っている方が多くいらっしゃいます。すると、自分のやり方を優先しやすく、柔軟な対応が難しい場合もあります。

例えば、漢字は繰り返し書いて覚えるのが一番大事という指導を続けてきた先生に、「漢字を書くことは、この子にはとても負担が大きいので、宿題は半分にしてください」と配慮をお願いしたところ、「お母さん、甘やかすと嫌なことを避けるようになってしまいますので、頑張ってやらせてください」と聞き入れてくれない。このような認識や支援の考えのズレが生まれ、家でのお母さんと子どもの負担が増え、先生に悩まされてしまうということもあります。

もしこのようなベテラン先生が担任になった場合は、「おっと。この先生はちょっと要注意かも！」先生の指導の仕方をまずは冷静に観察し、振り回されないようにしましょう。

そして、学校の中で一人でいいので、相談ができる先生とつながってください。カウンセラーや保健室の先生、学年主任、支援コーディネーター、前年度の担任など、こちらの話をわかってくれて力になってくれそうな先生とつながり、力を借りましょう。

特にカウンセラーなどは、担任と保護者の間に立ち橋渡しをする役割も担っています。それに、学校の中には必ず理解のある先生が一人はいます。お母さん一人で戦わず、周りの理解ある先生を味方につけてくださいね。

また、先生個人は協力的でも学校側の理解や協力がなかなか得られないということもあります。

学校説明会などでは、校長や教頭の発言から、その学校が何を重視しているのかがよくわかります。「うちの学校ではあれはできません」「これはできません」とできないことを最初に挙げる場合には入学後も合理的配慮について「お子さんだけ特別にはできない」など言われてしまう可能性もあります。

ただ、校長先生の頭が固く理解が得られなかったとしても、担任の先生が理解があり協力的であれば、担任の工夫でクラスで個別対応をしてもらえる場合もあるので、あきらめずに話をしてみてください。

今の学校環境では、正直、こちらの希望通りの支援を全てしてもらえるのは難しいのが現状です。でも、支援が必要な子ども達が、少しでも学校で安心して生活できるように、親の私たちにできるのは、遠慮せずに支援をお願いしてみること。学校と家庭でどこまで協力しあえるか、日頃から意見交換することです。

応援者同士、共に成長しあっていく気持ちで先生とコミュニケーションをとってみてください。

似ている「言葉の呪い」

「先生の言うことは正しいからその通りにするべき」

↓先生が１００％正解ではない。一つの意見として聞いておくぐらいでＯＫ

食べ物は好き嫌いなく

好き嫌いがあっても子は育つから大丈夫

子どもに「これ、嫌い！」「食べたくない」と言われると腹が立つこともありますよね。お母さん自身が「食べ物の好き嫌いをしてはならない」と繰り返し聞かされて育ってきたからでしょう。

特に、**発達障害の子は食べ物の好き嫌いが多くなりがちです**。発達障害の子どもの半数以上に何らかの偏食があるという調査結果も出されています。

それは、「感覚過敏」の特性があるからと言われています。味覚、嗅覚、触覚、聴覚、視覚の五感が通常よりも敏感なのです。たとえば、味覚過敏だと、脂っぽさや苦みなどをとても強く感じたり、食べ物の食感を受け付けなかったりします。衣がサクサクのコロッケを食べると、口の中を針で刺されているような感じがして食べられないという子もいます。嗅覚過敏だと、香水や芳香剤、食物の強いにおいをかぐと吐き気をもよおしたり、頭痛がしたりする子もいます。

以前私は、感覚過敏の人が見ている世界をＶＲ（バーチャルリアリティ）で体験したことがありますが、何より感じたのは「これが毎日だったら、相当つらいだろうな…」ということ。

たとえば、急に人混みの多いにぎやかな場所に行くと……景色が突然モノクロになり、ちらちらと光が差してくるので目が疲れ、その場から動けなくなる感じがしました。駅のホームの光景では、ホームに入ってきた電車の音と早い動きだけが視界に入り、他の景色がぼやけて見えにくくなるので、怖いという感覚を覚えました。

廊下から教室に入ると……窓の明るさに目が慣れず、室内はしばらくの間真っ暗に。先生の顔も暗くて見えません。窓の方は真っ白で目が痛い。教科書も白い紙がまぶしくて字がよく見えないし、黒板が黒すぎて文字が読めません。まさに白と黒に包まれた世界でした。また、外を走る車の音や時計の音、生徒のしゃべり声が耳に入りすぎて、授業中話している先生の声がよく聞き取れませんでした。この状況に居続けるのはかなりつらい。その場から出たくなったり、耳をふさいだり、イライラする理由がとてもよくわかりました。

感覚の違いは当事者しかわからないので、私たちは想像することしかできませんが、少しでもわかりたいという寄り添う気持ちが子どもの支えになると思います。

好き嫌いをなくすこと、我慢して食べさせることは何の解決にもなりません。

「どんなふうに感じるの？」「どのように見えるの？」「どういうふうにつらいの？」と具体的に聞いてあげてください。

それから、感じ方の違いは目に見えないので、違うことがわからず自分と同じように他の人も感じていると多くの子どもは思っています。騒がしい教室でみんなは平気でいられるのに自分はみんなみたいにできない。みんなは制服を着ていられるけれどチクチクが痛くて自分だけ着られない。こんな風に、「自分がだめだからできないんじゃないか」と思ってしまいます。

子どもが自分の感じ方を気にするようなら、「あなたはこんなふうに感じるみたいだね。でも、ママの感じ方はちょっと違うんだよ。周りの子はこう感じているのかもしれないね」とその違いを教えてあげながら、我慢しなくてもいいことや配慮を一緒に考えて、過ごしやすい環境を整えていきましょう。

感じ方の違いがあっても子どもは育ちます。生きていけます。

周りに合わせようと我慢することよりも、自分の感じ方を大切にして、無理せずにいられることを大切にしていける子に育ててあげてください。

似ている「言葉の呪い」

「将来困らないように、しつけはしっかりと！」

↓将来より〝今〟子どもが困っていることに目を向けよう
「食事は手づくりでなきゃ」

↓手作りしてイライラするなら、市販のお惣菜でニコニコママを優先しよう！

「規則正しい生活を送るべき」

↓生活を送るのは子ども。子どものペースに合わせてゆっくりと。

「早く寝かさなきゃ」

↓寝られたらラッキーくらいでいい。時間より寝る心地よさを大切にしよう。

「食事は行儀よく」

↓よく見てみて。前日より成長しているところはどこ？

私が"ちゃんと"育てなきゃ

"ちゃんと"って何？　あいまいな言葉に振り回されないでいこう

「ちゃんと育てなきゃ！」この言葉、いつも頭や心のどこかにありませんか？　お母さんを縛る呪いのような言葉の中でも、この「ちゃんと」は最強クラスです。

でも、この「ちゃんと」ってなんでしょう？「私のちゃんとはこれです！」説明できる人はいますでしょうか？

「う〜ん。できない…」みなさんの声が聞こえてきます。そう、実はあいまいでよくわからない言葉の代表でもあるんですよね。

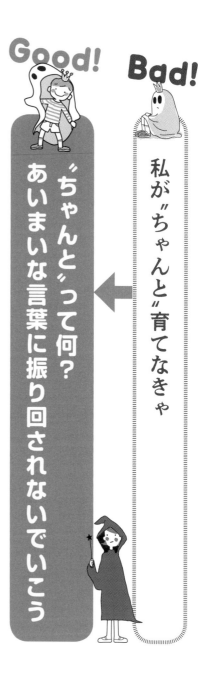

実は私も、この言葉に長いこと縛られていました。結婚前は「教員たるもの、ちゃんとやらなきゃ。失敗は許されない」と強く思っていたのです。結婚して子どもが生まれてからは「お母さんなんだからちゃんと子育てしなきゃ」になり、私の「ちゃんと」は、「失敗しちゃいけない」「健康で元気な子に」「愛情をしっかりかけて」そして「言うことを聞くいい子に」でした。

ところが、息子は自分の意思がはっきりしている超マイペースな子。言うことを聞かないたびに「子育て失敗した…」と落ち込み、ちゃんと子育てできない自分を責めました。思うようにならない息子と、うまくできない自分への苛立ち。当時は毎日が本当につらかったです。

私の「ちゃんと」の呪縛が解けたのは、コーチングに出会ってからでした。

子どもの頃から真面目で頑張り屋で、いつもきちんとしていなきゃいけないと思っていた私。わがままなんて言っちゃいけない、ズルはしちゃいけない、嫌なことでも我慢してやらなきゃいけない。今振り返ってもこんな子どもちょっと怖いですが、でもそうしなきゃいけないと思っていたんですね。でもその裏には、甘えたい自分、わがまま言いたい自分、ズルしてさぼりたい自分がいたんです。けれどそれは出しちゃいけない。知らないうちにその自分はぐっと抑えて忘れていました。

大人になってお母さんになっても、私の中には変わらず真面目で頑張り屋で「きちんと」の私がいました。そしてわがままを言いたい私も。その抑えられていた私が顔を出すのが、言うことを聞かない息子を前にイライラした時だったんです。

ある日、きちんと子育てしたいのに、わがまま言い放題の息子を前にした時、いつもある感情を感じている私がいることに気がつきました。それは「私はそんな風にわがまま言えなかった。言わずに頑張った。今だって本当は同じように泣いてわがまま言いたい！　なのにあなたはわからない。あなただけずるい！」

「あなただけずるい」と思う自分が常にいたのです。

「ああ、私、無理してたんだ。本当はわがまま言ってできない自分も見せたかったんだ。きちんとはすごく重荷だったんだ」ずっと抑えていた本音に気づけました。そこから私は「きちんと」をやめました。やりたくないときはやらない。だらしない時だってあっていい。サボる自分だって大切な自分。自分の気持ちに素直になって過ごしてみました。そして少しずつ私の「ちゃんと」の呪縛は解けていきました。

「ちゃんと」という言葉の持つ雰囲気に騙されないでください。

「ちゃんと」「きちんと」「しっかり」「うまく」「がんばる」のような曖昧でわかりにくくて、小さい頃から周りの大人に言われてきたプラスのようなニュアンスを含むこの言葉に、包み込まれないようにしましょう。

もし「ちゃんと」の言葉に縛られそうになったときは、「本当は私、どうしたい？　何を大事にしたい？」と頭の中で映像が描けるくらい具体的に出してみましょう。

「ちゃんと」じゃない具体的な言葉に変えることが、縛りを解くコツです！

似ている「言葉の呪い」

「いい子」「いいママ」

↓いいとか悪いなんてない。子どももママもひとりひとり他にいない価値のある存在

Bad!

この子は発達の遅れがあるのだから、ほかの子より頑張らせなければ

Good!

「頑張らせる」より「オリジナル」でいこう

「発達の偏りがある」と言われると、周りから遅れをとっているから早く挽回しなきゃ、置いてかれないようにしなきゃ、と焦りを感じるかもしれません。

「頑張れば遅れを取り戻せるかも」と、気づかぬうちに子どもに頑張ることを求めてしまうこともあります。

でも、生まれもつ発達の偏りによる問題は、頑張れば良くなるとか、子育てでなんとかできるものではありません。

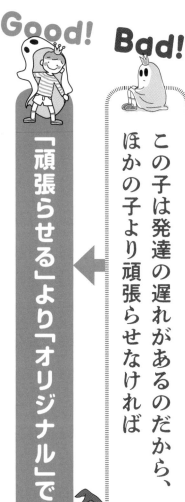

子どものわがままや努力不足だからでもなければ、お母さんの子育ての仕方のせいでもありません。どう頑張っても、どう育てても発達上の理由によりこちらの思う通りにならないことも中にはあります。それは、一人の人間の成長そのものだからです。

発達の特性がある子の子育てほど、「ゆるさ」が必要な子育てはないかもしれません。よそはよそ。うちはうち。

うちの場合はこのくらいがちょうどいい。この子の場合はこの常識は違う。

こんな風に、自分のオリジナルな子育てや世の中の渡り方を見つけていくほうが、生きやすく幸せではないかと私は思います。「頑張らせる」よりも、お子さんと一緒に「オリジナル」を見つけることが求められる子育てといえるのかもしれません。

似ている「言葉の呪い」

「大人になって困らないように、小さい頃のしつけが大事」

↓子どもに身に着けてほしいことは、親が先にやって見せよう！　やらせるより一緒にやろう

Bad!

ほかの子と違うことでいじめられるのでは？

Good!

いじめにおびえる前に、いじめが起こったら絶対子どもの味方になると決意して！

「発達障害、グレーゾーンの子はいじめられる、仲間外れにされやすい」という思い込みが、世間的にもお母さんの中にもあるように思います。

この前提があると、いつも「この子はいじめられやすい子」という枠にはめてわが子を見てしまいがちです。すると常に「いじめられていないか」「困っていないか」と心配に。子どもにかける言葉も心配の声かけがつい多くなってしまったりします。

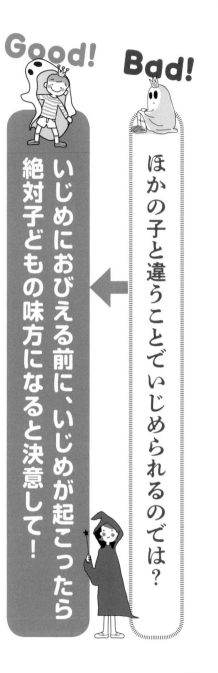

するといじめられている子どもも、なんだかいつも心配で不安な気持ちになっていたりします。不思議ですが、言葉の影響って本当に大きいので、自分でなくわが子に向かって言っているはずなのに、お母さん自信が無意識に暗示にかかってしまうことがあります。

「この子はいじめられやすい子」「この子は心配な子」という暗示にかかって、わが子のことをいつも何だか頼りなく弱々しい子と思ってしまいます。でも本当にわが子をそのような子に育てたいお母さんはほとんどいないはず。

できれば「やめて」と言えたり、「こんなことをされて困っています」と言える子に育てたい。

なら、お母さんがやることとは、「いじめられるんじゃないか」ではなく、「いじめられることもある」と割り切って心の準備をしておくことです。いじめにあってから「どうしよう…」と慌てるんじゃなく、「お、きたな」と思えるくらい、できればたくましいお母さんでいられるといいなと思います。すぐには難しいですが、子どもと共にたくましくなっていけたらいいですね。

また、場合によってはいじめる側になる場合もあるかもしれませんので、その場合の対策も考えておきましょう。

いじめがわかったら、まずは一番に事実確認をすること。

子ども本人と学校の先生、聞けそうなら相手にも情報を聞いてみます。どんなきっかけで、何が原因で起きたのか。何が食い違っているのか。それぞれの言い分、認識はどのようになっているのか。学校で起きた出来事なら、先生に事実確認をお願いして、まめに連絡を取り話をしましょう。わが子がいじめる側、いじめられる側どちらであっても、子どもが人との関わり方を考え、大事なことを学べるチャンスです。子どもの対人関係の力は、小学校高学年でもまだまだ未熟なところがたくさんです。対人関係の発達がゆっくりな子にとっては、丁寧に説明し教えていくことも必要です。人を傷つけるなどの行為は厳しく叱りますが、その裏にある子どもの気持ちの理解や、原因となっていることには丁寧に寄り添って一緒に考えてあげましょう。

いじめないように、いじめられないように、つい先回りしてしまいがちです。親ですからそれも当然で、仕方ないことはあります。

でもやはり、あまり子どものためにはなりません。

失敗したり困る経験をして、自分の行動を振り返ること、考えて行動すること、相手の気持ちを感じること、次どうするといいか対策を立てることを学びます。その機会がないと、いつまでも親任せになり、自立も自律も遅くなります。「自分ごと」として捉えられないので、大人になっても同じことを繰り返すかもしれません。

困ったり悩んだりして、子ども自身も自分のことを知っていくことが必要です。

例えば日頃から「あなたは言葉通りに受け止めるところがあるから、友達の言葉がきっかけでトラブルになりやすいと思うよ」というような、子どもが自分を知るための会話もできるといいですね。

そして、子どもが実際に何かに困っているときには、「お母さんでも先生でも友達でも話せる人に相談して大丈夫だよ」と具体的な行動も教えてあげましょう。

子ども自身の自分理解と対策のセットで、子どもを応援です！

第5章

ホントにそう？
見直したい、学校・
先生からの言葉の縛り

Bad!

今勉強で基礎ができないと、あとで大変なことになりますよ

Good!

なぜそう思いますか？どんなところが大変になりますか？と逆面談してみよう

「あとで大変ですよ」「将来困りますよ」担任の先生からのこういう言葉、けっこう多いんです。

この一言にお母さんはどんなに不安になり、どれだけ追い込まれるか。

あるお母さんは、「○○くん、今日も授業に集中していなくて最後までできていませんでした。このままだと勉強が大変になりますよ」と毎日のようにかかってくる先生からの電話に、心がもう限界になり、電話に出られなくなりました。先生との話や授業参観など学校と関わることはご主人に代わってもらうことで、精神的に追い込まれることは避けることができました。

このようなお母さんからの相談を受けるたびに、私は怒りが湧いていたたまれなくなります。「親を責めてどうするの。子どもが勉強でできないところがあるなら、指導を工夫して少しでもできるようにするのが教師でしょ！」一度は教師の立場だった私なので、まだこのような先生がいることで、お母さんたちに対してなんだか申し訳ない気持ちにもなります。

もちろん、このような先生はごく一部で、多くの先生は子どもの理解と指導の工夫に力を注いでくださっています。でも、このようないわゆる「ハズレ先生」もまだまだいます。発達障害の理解が足りなかったり、できないのは親がやらせていないからだと考えていたり、子どもを怒って厳しくするのが一番だと思っていたり。

残念ながら、先生自身が自分の指導を客観的に見ることができていないので、お母さんに対する発言も、注意や批難、脅しのようなものになってしまうのだと思います。

もしハズレ先生に当たってしまったと感じたら、何よりも一番に先生の攻撃を受けないように自分を守りましょう。イメージとしては、自分の周りにバリアを張って守る感じです。

最も攻撃されやすいのは個人面談など先生と1対1の場面です。個人面談のときは特に意識して、ナイフのような言葉を跳ね返すくらいの強いバリアを張って臨みましょう。

そして先生の言葉を真面目に正面から受け取らないこと。コツは「とりあえず聞いておく」のスタンスです。

先生の言うことはあくまでも情報のひとつ。その場で判断して答えを出さず、「いったん家に持ち帰ってあらためて考えます」と伝えましょう。仕事で、取引先への返答に困ったとき、「一度社に持ち帰って検討させていただきます」と言うのと同じ対応ですね。

それから、「とりあえず聞くこと」と合わせて、もし余裕があったら、先生に「質問」をしてきましょう。

「先生はなぜそう思われますか？」「どのような点で大変になると思いますか？」「先生だったらどのようなことをしますか？」「これまで同じような生徒にどんなことをして応援されたのですか？」など。先生にもぜひ具体案を考えていただきましょう。

質問すると、もうひとついいことがあります。

先生は答える立場になりますから、こちらを攻撃する言葉を封じ込めることができます。一石二鳥の方法なので、私も批判する意見の多い先生の場合は、意識して質問していますよ（笑）。

そして、これは上級テクニックになりますが、こちらのペースに巻き込むやり方もひとつです。

人は誰もがほめられたい、認められたいと思っています。これは先生も同じ。先生も人間なので、ほめられればうれしいです。どんなことでもいいので先生をほめてから、質問したりお願いしたりしてみる。

「先生のおかげでゆっくりですが成長しています。家でもできることはしていきますが、先生から励まされてほめられるとやっぱり頑張れると思うので、これからも「よくやってるね」と励ましの声をかけていただけたらありがたいです」こんな風に、「ほめる＋こちらの言いたいことを伝える」形で懇談を終わるようにすると気分もいいですね。
相手に言われっぱなし、へこんだままではいない。感謝の言葉を入れるテクニックで、こちらの言いたいことは言って帰ってきましょう。

似ている「言葉の呪い」

「このままでは将来、高校進学できませんよ」

↓そう思っているのは先生。絶対そうだという科学的根拠は何もありません。聞き流してOK。支援級在籍でも不登校でも高校進学できる選択肢が今はたくさんあります！

Bad!

学校に来てしまえば、お友達と仲良く過ごせるから、とにかく朝たたき起こしてでも連れてきてください

Good!

休むことを自分で決めた子どもはすごい！

学校に子どもの登校しぶりを伝えると、「(学校に行きたがらなくても）とにかく来させてください」と言われることはまだ多くあります。これは、学校が「学校を休ませないのがいい。休ませると休みグセがついてしまう」という考えが強いからです。

でも、それははっきり言って逆効果。

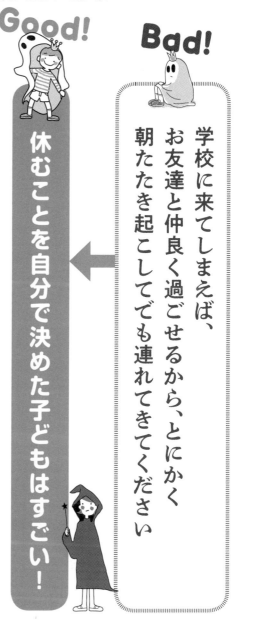

子どもの気持ちを無視して学校に行くことにこだわり、登校刺激を続けたら、子どもはどう感じるでしょうか。大人は有給休暇を取れますが、子どもは自由に休むこともできません。誰にもわかってもらえない行き場のない苦しさは、体の症状になって現れたり、自傷や摂食障害、うつなど心が悲鳴をあげたり、ものに当たる、引きこもることなどで出すしかなかったりします。ますます子どもは学校に行くどころではなくなってしまいます。

「学校に行きたくない」と言う子どもと、「来させてください」と言う学校の間にはさまって、お母さんは揺れます。子どものミカタになって気持ちを理解してあげたい。休ませてあげるのも大事だと思う自分がいる。でも、学校に「休みグセがつく」なんて言われると「そうかもしれない」と揺れてしまう。正直、学校に行ってほしいと思う自分もいる。学校に行かせない自分は親として悪いことをしているようにも思えてくる。何を一番信じればいいのか。何が正解なのか。誰か答えを教えてほしい。お母さん達は心の中で叫んで葛藤しています。

もし今まさにこの状態にいたら、お母さんがやることは、その気持ちや苦しみを吐き出せる人を確保すること。あなたの気持ちを理解して一緒に考えてくれる人の力を借りましょう。できれば学校と家庭の仲介役として動いてくれる人がいいです。カウンセラー、支援コーディネーター、通級の先生、保健室の先生などです。お母さんの話を聞いて、学校側に子どもの気持ちと配慮が必要なことを理解してもらうための力になってもらいましょう。

お母さんは家で子どものミカタになる。学校はお母さんとまめに連絡を取りながら、子どもが安心できる距離で柔軟に関わる。この関係を作ることが大事です。

支援級に在籍している小学3年のNちゃん。1年生の2学期から登校しぶりが始まり、毎朝「行きたくない」お母さんに泣いて訴えていました。学校は行くべきだと思っていたお母さん。「行きなさい！」毎朝ケンカになっていました。

私の個別相談に申し込まれたお母さん。私はまず一番に、お母さんの溜まりに溜まった気持ちを出してもらい、Nちゃんにとって今学校が安心できない怖い場所になっていることを説明しました。

感覚過敏もあり、学校の大勢人がいる雰囲気と騒がしさが苦手で、学校が怖いと言うNちゃん。Nちゃんの言葉や様子からこの子にとって学校はしんどい場所じゃないかとお母さん自身も感じていました。やっと腑に落ちたお母さん、学校に無理に行かせることをやめ、今できていることをまずは大切にする子育てに変えました。

家ではNちゃんの気持ちを聞き、教室以外で落ち着ける場所があれば行けることや、支援員さんがいれば教室にも入れることなどをカウンセラーの先生に相談し、学校の環境づくりと配慮をお願いし動いてもらいました。

学校の門まで行ってどうしても今日は帰りたいとなることもありました。そんな時は、Nちゃんが支援員さんに「今日は休みます」と言えたらそれでもう花マル！　お母さんも先生も自分のことをわかってくれる、尊重してくれると思えるようになったNちゃん。休むと言った翌日は自分で「今日は行く」と決めて行けるようになりました。

学校を長く休んでいた頃、お母さんはNちゃんに「学校ってあなたにとってどんなところ？」質問したことがありました。するとNちゃんが描いた学校は、つり上がった目と牙の生えた怖い顔だったそうです。それから3年経って、もう一度絵を描いてもらうと、そこにはにっこり笑う顔の学校とその周りにはキラキラの星やハートがありました。

「休みたい」と言う子どもも、休ませることを決断するお母さんも、どちらもとても勇気がいることです。だけど、「休むこと」がとにかく何よりも大事なときもあります。その選択ができた子どもと自分を、うんとほめてあげてください。

休むことを自分で選んだこの子はすごい！ですね。

学校は行かなくても命は取られません。大事なのは、お母さんとお子さんが笑顔で今を過ごせるかどうかじゃないかと私は思います。

似ている「言葉の呪い」

「みんな我慢して頑張っています」

↓「みんなと同じ」じゃなくていい。頑張り方はそれぞれ違います

Bad!

将来、仕事に就くのは難しいでしょうから、施設で働くことになるでしょうね

Good!

子どもの将来を決めつけないで。新しい情報は自分たちで手に入れよう

これは、知的障害のある子どもを持つお母さんが、先生との進路相談で「普通高校のサポート校に進み、将来的にはいろいろな人たちとかかわりたい」と伝えたところ、言われた言葉です。

障害を持っている人は支援学校に行き、障害者枠で就職するものだ、という思い込みからの言葉です。

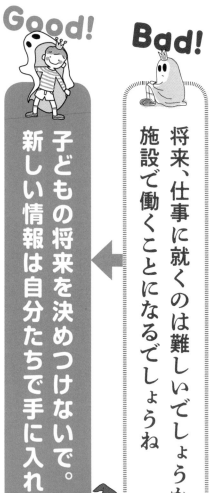

でも、そんな枠に縛られる必要はありません。**今は、個人の特性に合わせた指導を行なうサポート校もあります。**サポート校は通信制高校卒業をサポートする学校ですから、サポート校に通うことで通信制高校卒業の認定ももらえます。また、今は発達障害に特化した、配慮の手厚い通信制高校やサポート校もあります。大学も望めば進むことも可能です。

発達障害の子どもを育てるYさんは、子どもが小学校の支援学級に入ってもできることは最大限伸ばしてあげようと思っていました。しかし、どうも学習の支援が子どもに合っていない様子。学校での学習内容が明らかに子どもの発達より幼い内容でした。「子どもができるところは学年相当の指導も入れて力を伸ばしてほしい」とお願いしました。すると「この子は別に勉強させなくてもいいんじゃないですか」と校長先生に言われたそうです。この子はいずれ支援学校に進むのだから、勉強にはそう力を入れなくてもいいという校長の考えがわかって驚いたYさん。

「支援学級にいても子どもたちはできることがたくさんあるのに！」校長の意識を変えてやろうと、自ら動いて子どもに合う支援を開始。当時の担任は初めての支援学級ということもあり、先生の負担も考えて、Yさんは連日子どもに付き添って学校へ行き学習支援をしました。すると1年生の終わりには学年で習うことをほぼマスター。現在子どもは４年生ですが、４年生の漢字もしっかり書けるそうです。

学校の先生の情報が全て正しいとは限りません。むしろ情報が古かったり、最新の情報を知らない場合も多いです。将来や進路に関する先生の言葉は、まずそのまま全て正しいと思わないように注意です。「本当にそうなのか？」と疑い、正しい情報を自ら調べて手に入れましょう。今はいろんな学校ができていますし、発達障害の支援も新しい取り組みが日々生まれています。常に最新の情報を得ながら、私たちができることを進めていきましょう。

似ている「言葉の呪い」

「支援級だと高校への進学はできませんよ」

↓支援学級に在籍していても高校への進学はできます。内申点が審査に含まれない高校や通信制高校、サポート校を選べば、支援級在籍や不登校により中学校で内申点がもらえていなくても、進学することはできます

Bad!

通常学級に通わせるのは親のエゴだ

Good!

子どもに合った環境を探すのはとても難しいこと。その都度考えて選択して行けば大丈夫！

「発達障害があるのに通常学級に通わせるのは、親の自己満足なのかな」「支援学級判定が出て薦められたけれど、この子には通常学級の方がやっぱりいい。でも間違ってるのかな」「支援学級に変わることを決めたけれど、本当にこの選択で良かったのか。みんなの流れから外れることを親が決めてしまっていいのか不安…」

障害を持つ子を育てる親は、「子どもにとって最適な環境を選ぶ」というとても難しく責

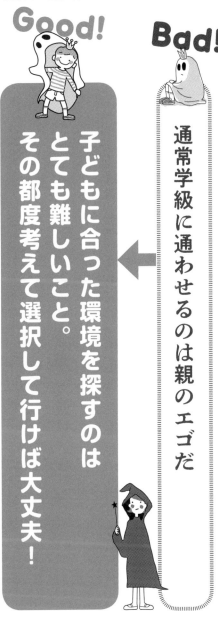

任の大きな選択を求められることがあります。何が正解かがわからない。周りの人の意見を聞くとさらに混乱することも。

このような難しい問題にぶち当たった時ほど、周りの根拠のない声は聞かないことが大切です。

聞くなら、子どものことを知っていて長くこれまでの経過を見てきた専門家や相談員の意見だけにしましょう。

親なので迷いますし悩みます。親の自分が決めてしまっていいのかと不安にもなります。わが子のことを想うからこそ当たり前に出てくる悩みです。なので、「自分のエゴじゃないか」「自分の感覚がおかしいのかも」と自分を責める必要はありません。

もし「世間体が悪いから」「支援学級にうちの子が行ったら恥ずかしい」などの、親都合の理由で環境を選ぼうとしていたら、それは違っています。その環境で毎日過ごすのは親ではなく子どもです。子どもが安心して笑顔ですごせる環境であることが何より大事です。子どもの今の様子や気持ち、困っていることなど丁寧に見てあげて選んでいきましょう。

子どものことを考えて環境を選ぶ時、私はお母さんの直感や感覚ってかなり有力な情報だと思っています。生まれてから一番長く近くで子どもを見てきているお母さん。「この子にはやっぱりこっちの方が合う気がする」というその感覚に、自信を持ってほしいと思います。

小学校入学を前に支援学級か通常学級か迷われていたUくんのお母さん。発達検査はボーダーラインで、学習面でもしかしたらいずれ困難さが出てくるかもしれないと思われました。就学相談の判定は支援学級。でもお母さんはどうしても「この子は通常学級の方がいいのではないか」と感じていました。それは、実際に友達が大好きでみんなといろんな活動をする中で学んでいけているから。勉強は先生に配慮をお願いし、友達にも力になってもらいながら、通常学級で学校が楽しいと感じて毎日過ごせるのがこの子には合うと感じていたのです。1年近くお母さんをサポートしていた私も、Uくんはその方が良いのではと思いました。そして同時に、必要な時は支援学級も選択することも考えました。

Uくんの場合の支援学級に変える際のポイントは、「勉強の難しさによりUくん本人が学校が楽しくないと話したり、明らかに辛そうな場合」や「先生も親も、個別の勉強の配慮の方が必要だと考える場合」などです。

判断する基準が明らかになったことで、まずは通常学級でUくんを応援していこうと決めたお母さん。現在、通常学級で2年目を過ごしていますが、勉強の配慮をしてもらいながらUくんは毎日笑顔で元気に学校に行けています。

一度選択したことが子どもの一生を決めるなんてことはありません。

選択を変えてはいけないなんてこともありません。

何かまた悩みが出たとき、「どんな環境が子どもに合うのか」、「環境を作るためにできることは何か」、その都度柔軟に考え検討していけばいいのです。

発達の特性のある子の子育てほど、ゆるく柔軟に考え動いていく方がうまくいきます。

Bad!

うちの学校では普通学級では配慮できないので、支援学級に行ってください

Good!

はい、次の手いってみよう！　必ずひとりは味方になってくれる先生がいます

自閉症スペクトラムの診断がある双子のママMさん。小学校入学を前に支援学級の見学に行った際、校長から言われました。「うちでは普通学級で配慮はできません。支援が必要なら支援学級に行ってください」子どもの詳しい話もまだしていないのに、まるで門前払いのような対応に、Mさんはものすごく不安になってしまいました。

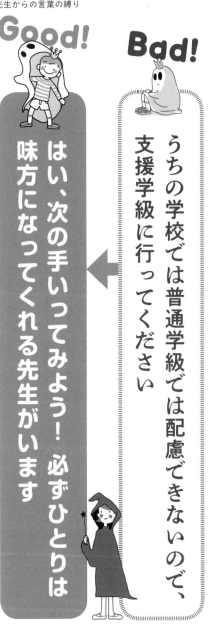

もしこのような言葉で配慮を拒む様子が学校に見られる場合は、配慮について話を聞いてくれる他の先生につながってこちらの希望を伝える機会を作ってもらいましょう。

平成28年に「障害者差別解消法」が制定され、学校や職場で障害のある人が何らかの配慮を必要とする場合には負担が重すぎない範囲で対応すること（合理的配慮）が定められました。

つまり**権利として、配慮してほしいことを学校には言っていい**のです。

支援コーディネーターや支援学級の担任の先生がまずは良いでしょう。それでも伝わらない場合は、市町村の教育委員会に相談してみましょう。

合理的配慮を求めたのに「お子さんだけ特別扱いできません」とか「お母さんの心配しすぎです」と言われて聞いてもらえないケースもあります。このとき武器になるのが、診断書や発達検査の結果と所見です。どうして合理的配慮が必要なのか、専門家の所見に必要だとはっきり書かれていると学校も納得します。ただ配慮してほしいと伝えるだけじゃなく、こちらもしっかりと事前準備をして配慮を求めましょう。

また、配慮を伝える際の伝え方も大事です。「〜できないからこうしてください」と伝えると、子どもの「できない面」ばかりが強調されてしまいます。「この子はこうするとできます」と「できることを大切に伸ばしたいから配慮をお願いします」という前向きな考え方を提示すると、配慮する側の学校もに前向きに受け取ります。

さらにこれは必殺技ですが、担任に医療機関の受診に同席してもらいましょう。直接子どもに必要な配慮について理解してもらえるだけでなく、親の側に立って一緒に支援について考えてもらえます。「私一人では不安もあるので、先生一緒に行ってもらえますか」と伝えてみてくださいね。もし一緒に行けなくても「受診するのですが、先生何か医師に質問ありますか？　代わりに私が聞いてきます」と伝えてみてください。配慮への先生の意識を高めることもできます。

このように、支援をお願いする、というより「一緒に応援をしていきたい！」という気持ちを伝えましょう。学校と保護者は対等の応援者同士だということ。こちらの意識を変えることで、学校の対応も変わっていきます。

してほしい支援がすべて叶うことは難しいですが、学校と家庭で意見をすり合わせて、少しでもお互いが「これでまずは行きましょう」と思える配慮を見つけていけるといいですよね。

似ている「言葉の呪い」

「お子さんだけを特別扱いすることはできません」（学校）

→どこまでならできますか？　何ができますか？と学校側の立場も考慮しながら、あきらめずにできそうなことは何か引き出してみましょう。

発達障害のお子さんを見たことがあるので、大丈夫ですから

頼もしい言葉でうれしいのですが、先生の考える支援を具体的に教えてください

　発達障害の子どもを担当したことのある先生の中には、安心させようという気持ちから、「大丈夫ですから」と言う人がいます。「大丈夫だから、口を出し過ぎないで。任せて」という思いが含まれているのですが、これは自分をガードする意味合いも含まれています。
　なぜガードするのか。その先生によって違いますが、自分の指導方針に自信がある、親がいろいろと要求してくることを防ぎたい、発達障害の子の指導は大体わかったと思って

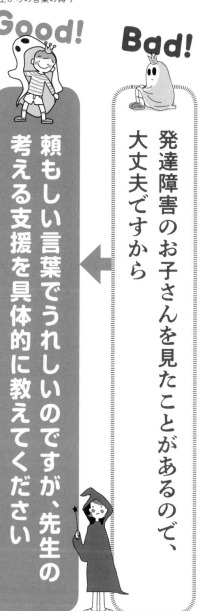

いるなど、何かやはり訳があるからだと思います。

「大丈夫」と言われると頼り甲斐があるように感じてしまいますが、発達障害の子の指導において「大丈夫」なんて自信持って言えてしまう方が、何もわかっていないのではないかと私は疑問を感じます。

発達障害といっても子どもの数だけその特性や抱える悩み、成長の様子などは全然違います。子ども一人一人が初めてのケースと考えることが大切だと感じます。

だから、お母さんにはどんどん意見を出してもらって、子どものことを教えてもらい、指導や配慮の意見交換をし、一緒に子どもを見ていこうという姿勢が先生には必要なのです。

もし、「大丈夫です」と言う先生がいたら、こう伝えましょう。

「頼もしい言葉でうれしいのですが、先生はこの子にはどんな関わりが必要だと思われるのかを具体的に教えていただけますか？」と。

「大丈夫」と言う先生はコミュニケーションが取りにくくなりがち。なのであえてこちらから遠慮せずにコミュニケーションをとるようにしていきましょう。遠慮は禁物です。

「家ではこうしてみましたが、学校ではどうですか？」「先生が何か気になることや指導で困ることはありませんか？」「最近こんなことができるようになってきたんですが、先生はどう思いますか？」機会を見つけて聞いてみましょう。

学校では特に問題ないですよ

問題がないように見えますが、実はかなり困っています。困りごとを先生に言える関係をつくっていただけたらうれしいです

子どもの特性の出方は、状況や環境によってさまざまです。一般的に、年齢が小さいほうが発達の特性が華やかで、目に見える形で強めに出る傾向にあります。また、疲れがたまってくると、特性があらわれやすい子も多いです。学校ではおとなしいのに、家に帰ってきたとたんにがらりと態度が変わる。だから、学校の先生に相談しても、「でも、学校ではできていますよ」「問題ないですよ」と言われてしまう。

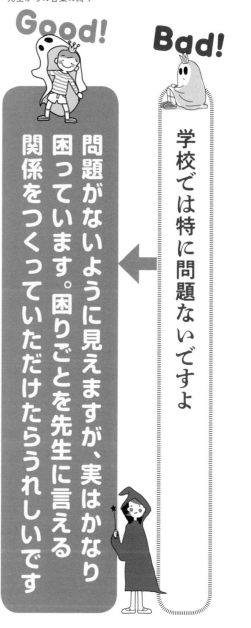

「問題ない」のではなく、「問題ないように見える」だけなのです。

行動に出して表せる子は「あ、今日は何かあったのかな」「疲れて荒れてるのかな」とわかりやすいのですが、行動に出すことが苦手だったり、自分の感情を表に出さない子の場合は、気づいてもらいにくいです。そもそも自分が困ったことを誰かに言葉で伝えるのは、大人でもなかなかハードルが高いことですよね。

もし家に帰ってから、激しく騒ぐ、ものを投げて大暴れする、興奮して夜眠れなくなる、兄弟姉妹にしつこく攻撃する、暴言が激しい……いつもと違う様子が見られたら、学校で無理をしているからかもしれないことを考えてみてください。

「問題がないように見えるかもしれませんが、実はかなり困っています。学校でも意識して声をかけてもらえませんか。先生にならなら話せるような関係をつくっていただけるとうれしいです」のように先生に伝え、お子さんの負担を少しでも軽くしてあげてください。

また、お母さん自身も頑張らないことを時には意識してみてください。頑張り屋のお母さんは、つい頑張ることを子どもにも求めがちです。「私はこんなに頑張っているんだから、あなたも頑張って」と無意識にそんなメッセージを伝えているかもしれません。子どもはそんなお母さんの期待に答えようとします。

だから、頑張りすぎている様子が子どもに見られた時は、お母さんも一緒に力を抜いて休みましょう。

家事も手を抜いて、あえてやらないことも決める。頑張らない日を作るのもいいですね。お母さんがゆるく自分を大事にする姿を子どもに見せてあげましょう。休むこともいいんだよ。自分にご褒美をあげるのも大事なんだよ。そんな風に自分を大事にできるから周りを大事にできますね。

「休みたいけど休めない」「手を抜きたいのにサボっていると自分に対して思ってしまう」そんなお母さんもいらっしゃるかもしれません。手を抜いてはいけない、サボってはいけない。頑張らなければいけない。これらの思い込みや縛りもまた、とても強い呪いです。なかなかすぐにはゆるめることが難しいかもしれませんが、あなたを一番大事にできるのはあなた自身。自分で自分をいじめることだけはこれ以上しないでください。

頑張りすぎるくらい頑張っているあなたです。少しくらい手を抜いたって、サボっていることにはならないので大丈夫。あなたが笑顔でいてくれること、それが何よりもお子さんにはうれしいことです。

お子さんには繰り返し言って聞かせてください

うまくいかないことには理由がある。言って聞かせる前に原因を知ろう

子どもが約束を守らない、忘れ物が多いなど困った行動を起こすのは、お母さんが甘やかしているからだと考えている先生も中にはいます。「子どもには繰り返し言わなければ伝わらない」という思い込みです。

繰り返し言うことがこの子には必要なのだから、言わないお母さんの関わり方が良くない。だから家でも「指導」してほしい、ということなのですね。

先生の子どもへの期待もあるのでしょう。期待してくれるのは親としてもうれしいです

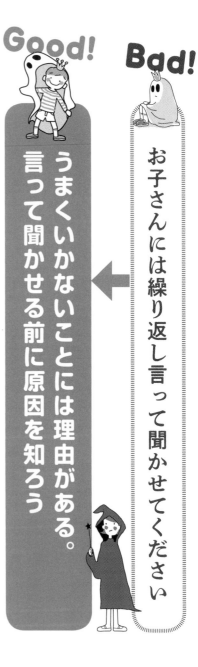

が、学校でうまくいかないことを家でやってうまくいくかというと、それには無理があります。

そもそも繰り返し言わなければ伝わらないというところから違っていますし、学校では学校の、家では家のやり方があるんじゃないかと思います。

先生に言われると、それが正しいのだと感じて「うちでも言い聞かせなきゃ」と思ってしまいますが、お母さんは先生じゃありません。言い聞かせるのは先生だからできる役割。お母さんは先生ではなく、子どもの言うことを聞いて受け止める役割の方になってほしいのです。

繰り返し言われて子どもはどんな気持ちなのか。子どもなりに何を感じているみたいか。子ども自身、どんなことを頑張ろうとしているか。先生ではできない細かいところに目を向けてあげられるのが、そばにいるお母さんじゃないかと思います。

あえて先生とは違う目で、子どもを見ることを意識してみましょう。

でもこのような視点って、こちらにゆとりがないと難しいこともあります。子どもの気持ちを受け止めるゆとりも持っていたいですね。そのゆとりを持っておくためにも、お母さん自身が誰かに気持ちを受け止めてもらってください。

両手いっぱいに荷物を抱えていては、それ以上受け取ることはできません。手放すこともしましょうね。

似ている「言葉の呪い」

「漢字は繰り返し書いて覚えさせてください」
↓やり方はひとつじゃない。子どもに合うやり方は子ども一人一人違っています
「家でも宿題を細かく見てあげてください」
↓お母さんだから見てほしいのは答えではなく子ども。表情や言葉に目を向けてみて

Bad!

毎日給食の時間にしか来ないのは困ります

Good!

「給食だけでも行ける時間があるのはありがたい」とニコニコでガード

あるお母さんが担任の先生に言われた言葉です。

教室に入るだけでも勇気を振り絞っている子にとって、給食の時間に行こうと自ら決めて行けるだけでもすごいこと。

そのことを先生にもわかってほしいのですが、なかなか難しい現状もあります。

「どうしてわかってもらえないんだろう…」がっかりしますよね。

こんな時は早めに気持ちを切り替えて、こう伝えてみましょう！

「給食だけでも学校に行かれる時間があるのはありがたいです。本当にいつもありがとうございます。そのほかにも参加できる授業の時は行けたらと思うので、また力貸してください。（ニコッ）」って。


ここでのポイントは、**「すみません」ではなく、「ありがとう」**。

悪いことをしているわけではないので、謝る必要はないんです。

ニコニコ笑って、感謝で乗り切りましょう。

そして、給食の時間を使って、「行けた」「楽しかった」を増やせたらラッキー！くらいでいきましょう。

第6章

意外と強力？ 夫、家族、専門家、ママ友からの何気ない言葉の縛り

抱っこしすぎると抱きぐせがついてよくない

20歳になって抱っこをせがむ子どもはいません。期間限定だから大丈夫

これ、私たちの親世代が言われていた、そして言っている言葉です。
「抱っこされていないと泣き止まない子になる」つまり、「甘やかしすぎるとよくない」「わがままな子に育つ」という意味も含まれています。私たちの親が子育ての真っ只中だった頃と今では、子育ての常識は全然違っています。
今はむしろ、親にたくさん甘えることができた子どものほうが安定して自己肯定感の高い子どもに育つといわれています。

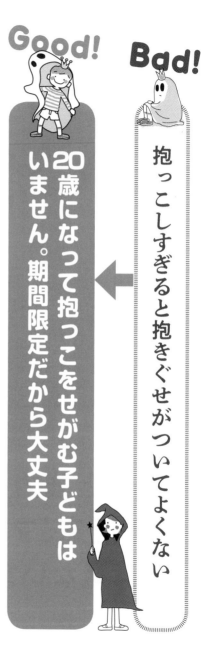

でも、大先輩に自信持って「それは違う！こうしなさい！」なんて言われたら、子育て経験の浅い私たちは「そういうものなのかな…」と思っちゃいますよね。

何を信じればいいのか。何が本当の答えなのか。これ！と決めてほしいくらいいろんな情報や知識、常識が周りでは日々飛び交っています。これは今だけではなく、昔もあったこと。つまり、いつの時代も子育てはその時その時、試行錯誤してやるものだということです。「これが正しい子育てです」という答えはないということだと思います。

でも今は私たちの親世代と比べると、本当にいろいろなことがわかってきました。抱っこについても、今は「泣いたら思う存分抱っこして安心させてあげて」と助産師さんなどから言われます。発達に特性があっても20歳過ぎても親に抱っこをせがむ人はまずいません。個人差はありますが、大体 小学校高学年以降くらいになれば子ども自身が嫌がったり恥ずかしくなったりします。

良かれと思って言ってくれるいろんな子育てのアドバイス。ありがたいけれど、聞かなくていいです。聞くのは、お子さんをよく知っている知識や経験のある専門家の言葉。他はスルーしてください。

周りの人はお母さんじゃない。お母さんはあなただから、あなたがやりたいと思うことをやればいいんです。

周りの言葉に振り回されず、抱っこしてあげたいと思ったら、思う存分抱いてあげましょう。

「私はこうしたい」「私はこうする」を、お母さんには最優先で大事にしてほしいと、私は思います。

Bad!

他人に迷惑をかけてはいけない

Good!

迷惑かどうかは相手が決めること。迷惑はかけていい。自分も迷惑をかけていこう

「人様に迷惑をかけてはいけない」という言葉。私たち親も、そして私たちも代々言われてきた強い縛りの言葉の一つです。親に繰り返し言われてきたお母さんも多いのではないでしょうか？

発達障害の子を育てていると、この言葉は本当にお母さんを苦しめます。だって、どうしても迷惑をかけることが多くなりやすいから。ぶっちゃけ、周りに迷惑をかけないなんて、果てしなく難しい子育てだからです。

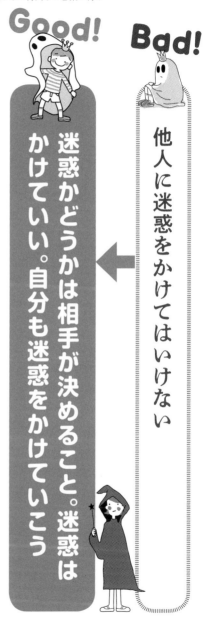

お母さん自身が「人に迷惑をかけないように」と言われて育ってきた場合、子どもの言動すべてが他人に迷惑をかけているように感じることがあります。

Kさんは子どもを見ていていつも心配で、ついいろいろ口を出してしまう自分に悩んでいました。

不安が強く、失敗しそうなことはやらない。学校や習い事、友達と遊ぶときも自分中心になりやすく、場の雰囲気を壊してしまうわが子。この先この子は大丈夫なのか。人に迷惑をかけて生きづらくなるのではないか。周りからの目も気になり、厳しく怒ってしまい、子どもとの関係は悪くなっていると感じていました。

私のサポートを受け始めたKさん。子どもに対してどうして厳しくなるのか、イライラするのか、自分の中にある縛りを考えてみました。すると行き着いたのが、とにかく「他人に迷惑をかけてはいけない」と強く思っている自分だったのです。

人に迷惑をかけると嫌われてしまう。責められてしまう。申し訳なくなる。そんな自分がいることに気づいたKさん。でも本当は周りの人に頼って、ありがとうと言える自分になりたいと思っていました。

そこに気づいてから、Kさんは、自分にこんな言葉を少しずつかけることを始めました。

「迷惑かどうかは相手が決めること。頼られてうれしい人もいる。全部自分で頑張らなくてもいいんだよ。助けてもらっていいんだよ」

周りに頼る自分の姿をこの子に見せることで、周りに頼れる子に育てていきたいとKさんは思えるようになりました。

実際、子どもの習い事の役員でできないことは周りのママに頼れるようになり、自分をゆるめられるようになったことで、Kさんは、子どものいいところがたくさん見えるようになりました。

そして、さらにびっくりする出来事まで起きました。ある時、役員の仕事がうまくできなくて落ち込んでいたKさん。それを見て、子どもがこう言ったそう。「ママ、できんでもええやん。全部できんでもいいってママが言ったんやで」その時からさらに上手に甘えていこうと心から思えるようになったKさん。今ではお子さんと共通の趣味もでき、自立しあったいい関係ができています。

迷惑はかけていい。かけてかけられて助け合ってみんな生きているから。迷惑をかけずに頑張る姿より、周りに上手に頼る姿を見せる方が、子どもは「大丈夫、失敗してもなんとかなる！」と安心して成長できます。

母親は「子ども第一」に考えないと（by家族）

「私はこういう子育てをしたい」を考えてみよう

日本の子育ては、とかく自分より家族優先のところがあります。

特に親やおじいちゃんおばあちゃん世代にはその考えが根強いようです。子育てにおいて一番身近な先輩は、自分のお母さんであり、そのお母さんが当たり前のように家族を優先する姿を見て育っているので、お母さんの子育て法が絶対だと感じるのです。

でも、時代はどんどん変わるのと同じように、子育て法も変化しています。

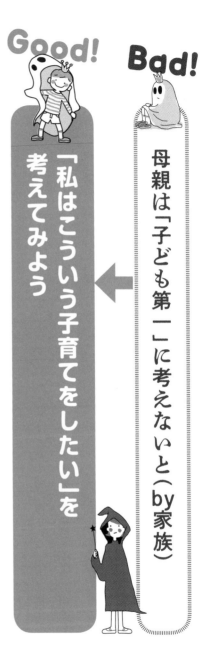

そして、子育てに絶対はありません。

ですから、今子育てをする私たちは、**「母親である私の望む子育て」を重視していい**と思うのです。

この本の最初にも書きましたが、サポートする際、私はまずお母さんたちに、

「あなたはお子さんをどんな子に育てたいですか？」

「そのためにあなたができそうなことは何ですか？」

「子育てと人生においてあなたが大事にしたいことは何ですか？」

この3つのことを考えてもらっています。

たいていの方は、「そんなこと、考えたこともなかった」とおっしゃいます。

実は私もそうでした。コーチングの勉強を始めてからこのワークに出会ったのですが、3つの質問の答えを考えることで、「私はこの子たちをこんな子に育てたい！」自分の目指す子育てのゴールを見つけました。それまで不安やたくさんの子育てノウハウに振り回されてノイローゼのような状態だった私は、「間違いなんてないんだ！　今の自分でまずはいいんだ！」と思うことができました。

「自分はこういう子育てがしたい」という子育てのゴールをはっきりさせておくと、ざわ

ついた心も不思議と落ち着いて、何が起こっても大丈夫と思えるようになります。地に足がついたようにどっしりと立っていられるので、子育てに悩んで迷っても、早めにいつもの自分に戻れるようになるからです。

まずは、あなたの**「こんな子に育てたい」**を出してみましょう。

感受性豊かな子、気持ちを表にあらわせる子、人に頼れる子、人にお願いができる子、人を大切にできる子、新しいことに挑戦できる子、自分で生活できる子など……。どんなこともマル。間違いなんて何一つありません。最初は思いつかなくても、時間をかけて考えるうちに、必ずひとつはあなたの中から出てきます。

どんな子に育てたいかが出せたら、次に、「そのために自分ができそうなことは何か？」を考えてみましょう。たとえば、「感受性豊かな子に育てたい」と思ったら、感受性が豊かな力を育てるために、「子どもの感じた気持ちを否定しないでじっくり聞く」など、今の自分でもできそうなことを出してみます。そして最後に、「1日1分、子どもの目をみて話を聞いてみる」など、もっと具体的な行動にしてやってみることを決めてみます。

行動を決めると、できないかもしれないとか、やらなきゃいけないという気持ちが湧いてくるかもしれませんが、それは脇に置いておく。「これなら私でもできそう」という小さなステップにして、行動を出してやってみましょう。そして時折振り返って、思い出した時に1回でもできていたら自分をうんとほめてあげましょう！

Bさんは以前、子どもが宿題をやらずにゲームばかりする姿にイライラし、いつも最後は怒鳴ってしまう自分に「私はダメだ……」と落ち込んでいました。ワークでBさんが出した子育てのゴールは「好きなことや得意なことを持って自分らしく生きられる子」でした。そしてそのために「僕はこれが好き！」と言えるものを持てるように、いろんな経験をさせてあげたい。Bさんが本当にしたい子育ては、怒って宿題をさせることじゃないと気づきました。

そこに気づいてから、子どもを見る目が変わったBさん。「この子は、ゲームをやっていても、自分のタイミングで夜寝るまでには宿題を終わらせている！」子どものできていることに目を向けられるようになり、子どものことを信じられるようになりました。

「私はこういう子育てがしたい。こういう子に育てたい。そのためには何をしたらいいか？」をつかんだお母さんは強いです。自分軸がどっしりと自分の中心に根を張った状態に変わるからです。

でも、子育てをしていれば迷いや悩みは新たに次々出てきますから、揺れてまたブレてしまうことはあります。それで全然いいんです。子育てのゴールも忘れても構いません。そんな時は立ち止まって、また思い出して、そこから仕切り直しをすればいいだけです。

似ている「言葉の呪い」

「お母さんなら、いつも子どものことを見ているからわかるでしょ」

↓いくらお母さんでも、子どものことが全部わかるなんて超能力でもないとできません。お母さんだって人間ですから

あなたの思い込みじゃない？　考えすぎでは？

気になって当たり前！　いち早く気づけたあなたはすごい！

「うちの子もしかすると発達障害かも…」本やネットで調べて、悩みに悩んで、決意して相談しに行ってみたら、「お母さんの思い込みではないですか？」「考えすぎでは？」「よくあること。気にしすぎですよ」と言われることがあります。話をじっくり聞いて、いろんな考慮の結果からそう答えてくれるならいいのですが、話もあまり聞かずにそんなふうに言われてしまうケースもまだ多かったりします。

相談するまでどんなに心細く不安だったか。どんなに相談を決意するのに勇気を振り絞

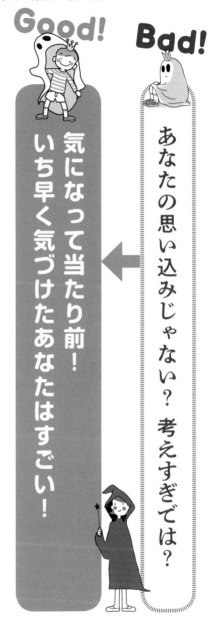

ったか。予約しても長く待たされるのは今や当たり前で、やっと繋がった相談でそんなふうに言われて「よかった」と安心できるお母さんは、いないんじゃないかと思います。

相談や受診は特に注意。傷ついてさらに悩むケースもあると思って出向いてください。そして、「あなたの思い込みです」と言われたからといって、その相談担当者の言うことがすべて正しいと思わないで。

お母さんですから心配になるのは当たり前です。思い込みかもしれないけれど、そのくらいわが子のことを考えている素晴らしいお母さんですから、そんな言葉に凹むことはないですよ。

もしひとりの専門家に「思い込みですよ」と言われたとしても、気になる場合にはセカンドオピニオンとして別の人にも聞いてみましょう。児童精神科などの専門家、保健師、カウンセラー、発達専門の支援相談窓口など、相談先はたくさんあります。

Hさんは「お子さんにちょっと気になる点がありますね」と保育園の先生から言われました。ところが、医師に診てもらうと、「そんなに気にするほどではないですね。男の子はこんなもんですよ」と言われたため、そのまま普通学級に進学させました。

ですが、どうも勉強が苦手のようです。「まあ……実力的にこんなもんかしら」と思いながら過ごしてきましたが、学年が上がると授業にほとんどついていけなくなってきて、どうすればいいのか悩んでいる時、私の個別相談にいらっしゃいました。焦って、遅れを取り戻そうと必死に勉強させていたHさん。しかし、子どもは「僕はどうせできないから……」と自信を失っていました。まだできることがあるならやってあげたいHさん。私はまず学校のカウンセラーへの相談をおすすめし、必要なら児童精神科の受診と発達検査をしてみてはとお伝えしました。何よりもまずはお母さんの不安や疑問を解決することが大事です。すぐに動いたHさんは、その後医療機関につながり、支援級での通級で学習のフォローをしてもらえることになり、今では放課後デイをうまく使いながらお子さんのサポートをしてあげることができています。

もし、お子さんの発達が気になる場合は、発達検査を受けてみることを私はおすすめします。

だるくて熱っぽいときには、病院を受診しますよね。「風邪かな？　別の病気だったらどうしよう」と家で悶々としているより、「風邪です」と言ってもらったほうが安心できるのではないでしょうか。それと同じです。

実際、発達障害の診断を受けて「自分のせいではなかったんだ」「しつけが悪かったからではなかったんだ」と安心したという方は多くいらっしゃいます。診断は少しでも安心を増やすためのひとつの方法として、上手に活用してみてください。そして、検査は子どものできないところを見つけるものではありません。その反対。子どものいいところを見つけて、困っているところの応援の仕方を探すためのヒントが詰まった心強いアイテムです。あなたの子育てにぜひうまく取り入れて使ってみてください。

お母さんの感覚や直感はほかの誰よりも鋭いです。その力を信じましょう。

似ている「言葉の呪い」

「わざわざ発達障害と決めなくても……」「自分の子を発達障害にしたいのか」「そのうちできるようになるから」

↓そのうちってどのくらい？　なぜそう思う？　周りの言葉より、気になったら早めに専門家に相談で安心を手に入れよう

男の子にはよくあること

男の子だから、ではなく「この子はどんな子？」で見てみよう

突然手が出てしまう、道路に飛び出してしまう、かんしゃくが激しい、言葉が遅い……などの悩みを相談すると、「男の子は言葉が遅いっていうしね」「男の子にはよくあることよ」「小さいんだからこんなもんよね」という答えが周りの人から返ってくることがあります。確かにそれもありますが、男の子だからで片付けてしまうと、大事なことを見落としてしまうこともあります。

おとなしい子、活発な子、言葉が遅い子、言葉が早い子……「男の子」と言ってもさま

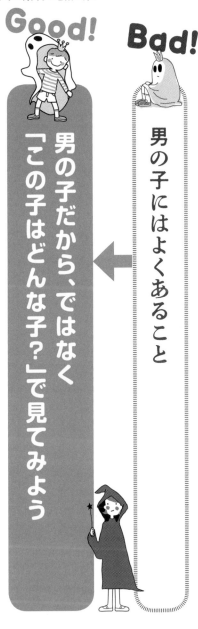

ざまです。その違いは「男女差」ではなく「個人差」。

たしかに、幼児期は発達障害の特性によるものかどうかを見分けることは難しいです。気になって病院で検査を受けたら「発達障害の傾向がある」と言われたけれど、大きくなるにつれて子ども自身の成長とともに特性が変化するお子さんも多くいます。

どこが特性でどこがこの子の個性なの？　気になる場合には、まず**お子さんを観察する**ことからはじめてみましょう。

どんなときに、どんな理由で、どのような行動を起こすか。それがどのくらいの時間を経て、どのように切り替わるか？を観察して記録してみてください。それがお子さんを知るための手がかりになります。これは後に受診や療育を受けるときに活躍しますし、お子さんの成長もわかります。

病院を受診しても「まだはっきり診断できないので様子を見ましょう」と言われることもありますが、ただ様子を見て何もしないのはもったいないです。「この子はどんな子なのかな？」まだこちらの知らない子どもの世界を覗かせてもらう気持ちで、ぜひお子さんを丁寧に知ってあげてくださいね。

男の子だから、女の子だから、ではなく、この子はどんな子？という目で興味を持って見てみましょう。

Bad!

子どもが問題を起こすのは、おまえのしつけがなってないからだ

Good!

発達障害が子育てやしつけのせいでないのは研究でも明らかです

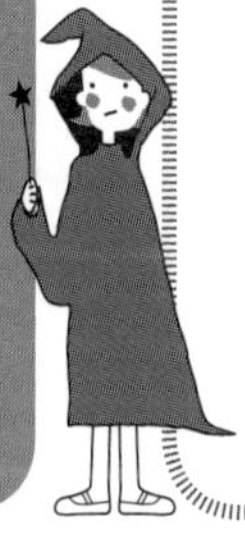

だいぶ子育ての大変さを理解し、協力的なお父さんが増えてきたなと思いますが、まだまだお母さんをきつい言葉で攻めるお父さんも残念ですが少なからずいます。発達障害やグレーゾーンの子どもを育てる場合、お父さん自身の障害や特性への理解も合わせて必要になってくるので、お母さんは、理解のない夫という壁にも悩まねばならず、もう勘弁してーと叫びたくなるのではないでしょうか。

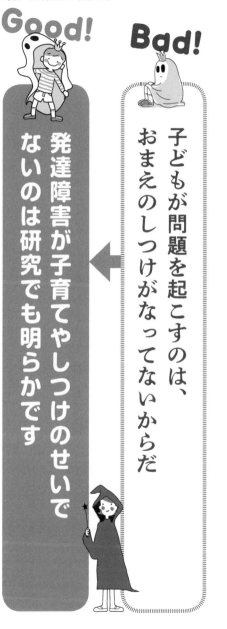

お母さん、夫のこのような言葉も素直に聞かないで！　鋭いナイフのような言葉は、刺さったらダメージはでっかいですからね。

夫がこのようなことを言ってきたら、「残念。まだわからないのね」でかわしてください。残念ですがあなたと互角に戦うには夫のレベルがまだ低すぎます。夫はまだ最初の最初、スタート地点にいる状態。あなたのところに追いつくにはまだまだ時間が必要なのです。

発達障害は生まれつき脳になんらかの発達の偏りがあり、どうしても生活で困ることが起きてしまうこと。子育てや愛情不足など、後天的な理由によるものではないことは研究でも明らかです。母親のせいなんてそんな簡単に片付けられるものではないですからね。

似たような言葉で、「子どもが勉強できないのは、おまえの教え方が悪いからだ」と言われることもあります。Rさん家族は共働き。Rさんが夫に「この子、勉強がついていけないみたい」と話しても、「そんなことないだろ。お前の教え方が悪いんだよ」と取り合ってくれませんでした。ところが、このコロナ禍で夫が在宅ワーク、Rさんが仕事に出ることになり、夫が勉強を教えることになったのです。いざ自分で教えてみた夫。どんなふうに説明してもなかなか理解できないわが子に、本当に勉強がわからないみたいだとやっと実感し、Rさんに話してきたのだそうです。以来、子どもの支援について前向きに話を聞いてくれるようになりました。

子どもと実際に関わって実体験してわかるというお父さんは多いです。それだけお父さんが仕事に忙しく子育てに参加する機会が少なかったり、お母さんに任せきりになってしまう労働環境の問題もあると感じます。まだスタート地点にいるお父さんが成長するには時間はかかりますが、お母さん一人で抱えて頑張り続けていては、お父さんとのこの差は大きくなっていくばかりです。

任せても良さそうなことは夫にしてもらいましょう。

そして、あまりにも理解や協力の気持ちがない夫の場合は、外部の力を借りて夫に話をしてもらうのも手です。

あなたは自分のことをまずはどうか守って。夫を変えるのは至難の技です。どこかで割り切りながら、でもできることはやってもらう。あなたが少しでもご機嫌でいられる工夫をしてみましょう。

Bad!

夜寝ないのは、外遊びが足りないからですよ
(by保健師)

Good!

残念ながらハズレ！ 親身に考えてくれるほかの相談先を探してみよう

昼間どんなにハードに遊ばせても、夜になると興奮して騒ぎ出したり、遊んだりして寝ない子がいます。発達障害と睡眠の関係については今も研究が進められています。ある調査では、定型発達の子どもの2倍の頻度で発達障害の子どもは何らかの睡眠問題がみられるということが明らかになっています。

悩んで保健師さんに相談すると、「外遊びが足りないからですよ」と一言言われて終わり

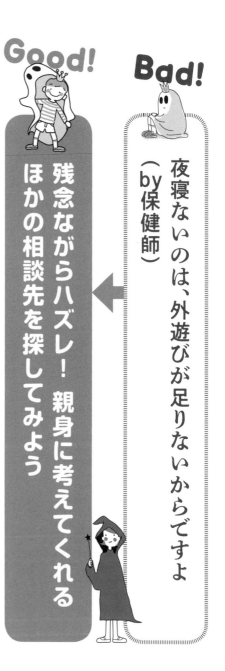

なんてことも。本に書かれている方法はほぼやり尽くし、それでも解消されないから相談しているのに……。まるで、「努力が足りないんですよ」と言われたかのようで落ち込んでしまいますよね。中には、いろいろなところで相談し、そのたびに似たようなことを言われてすっかり専門家不信になってしまったというお母さんもいます。

特に行政の相談員さんは、「指導」型の人が多いように感じます。「こうすればいいですよ」「これができていないからでは」と解決のノウハウや知識をアドバイスする伝え方です。でも、お母さんたちが本当に必要としているのは、共感し、寄り添い、考えを探してくれる「サポート」です。

相談に行って「そんなこともう知ってるんだけど…」「もうやってみてるし、それでうまくいかないから来てるのに」と感じる時は、その相談先ではあなたが求めているものは手に入らないと考えて他の相談先へ早めに気持ちを切り替えましょう。発達障害に関する専門の医療機関も、児童精神科、児童思春期外来、小児診療科、心療内科など、選択肢はたくさんあります。

受診や相談に行く時も、学校の個人懇談の時と同様、自分をガードすることを忘れないでくださいね。医師の言葉に傷ついてしまわないように、バリアを張ってくださいね。「私の子育てに活用できる情報だけをまずは取りに行こう。うまく活用させてもらおう」くらいの気持ちでいきましょう。

私も個別相談の時にお母さんたちにお伝えしていますが、その人の意見が100％絶対に正しいということはありません。絶対という答えのない子育てに関する意見はなおさらです。

なので、相談先もひとつに決め打ちするのではなく、あなたが得たいものに合わせて使い分けてみましょう。学校のことは先生、勉強のことは塾、障害の専門のことはお医者さん、自分の心のことはカウンセラーなど。それぞれで聞いたことを一度持ち帰り、比較検討しながら、「いいな」と思うところだけ取り入れればいいのです。まさに、いいとこ取りで。得たものを組み合わせながら自分オリジナルの子育ての仕方をつくれたら、それって最高じゃないかなと思います。

相談先の活用の仕方も、情報の使い方も子育てのアレンジも、決めるのはあなたが自由にできるんです。これだ！と思える意見を自分の意志で取り入れて、世間の常識や言葉に縛られないあなたでいてください。

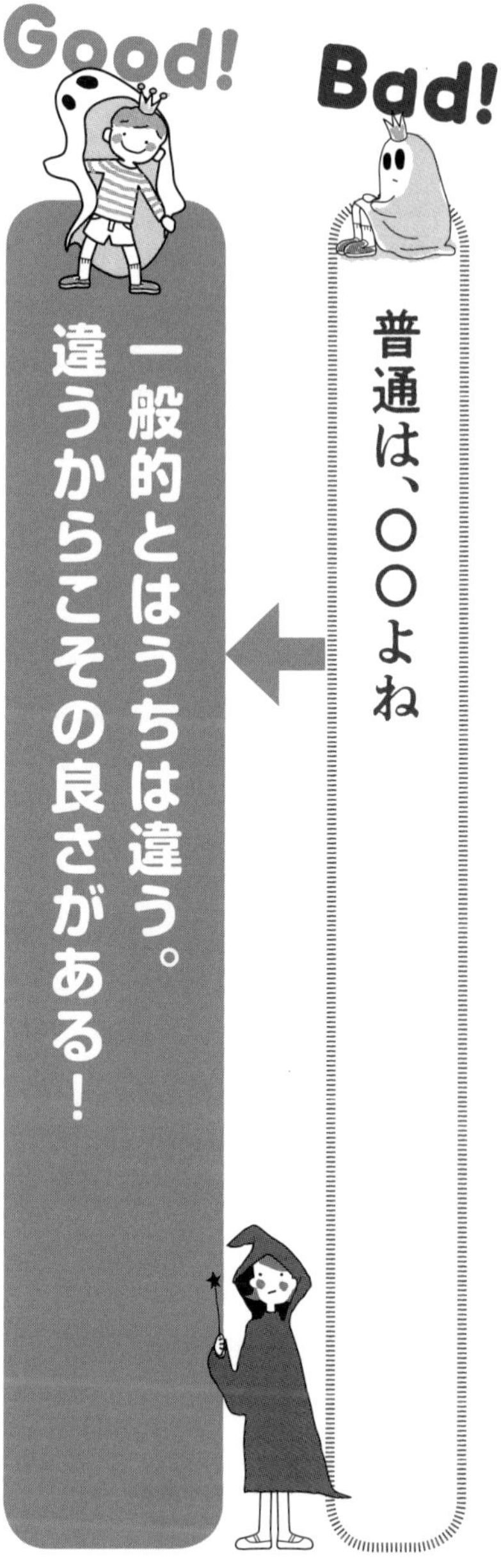

普通は、〇〇よね

一般的とはうちは違う。
違うからこそその良さがある！

「普通は……」は、本当によく聞く言葉です。

そして、お母さんが敏感になるセリフのトップ３に入るでしょう。

日本では大多数を「普通」とみなす傾向があります。一方、発達障害、グレーゾーンの子はその反対の少数に入ります。つまり、一般的に言われる「普通」に当てはまらないことが多くなりがちな子どもたち。その子ども達を育てる子育ては、そう、「レア」なんです。

この「普通」という言葉について考えると、私はいつも、普通と普通じゃないはどこで分けられるのだろう？と思います。はっきりとした基準などないし、これこそ曖昧でわかりにくい言葉ですよね。

このような、あやふやでわかりにくい言葉は、誰もが幸せを感じる言葉ではありません。このような言葉にいちいち悩んだり振り回される必要はないと思います。

だから、「普通は……」と言われたら、「おっと出た！」「私はレア子育て派だから、うちとは違うな」と思って、聞き流しましょう。

でも、そうは言っても割り切るのって難しいです。「比べたくないのについほかの子と比べてしまう……」「周りと比べる自分が嫌…」わが子と他の子を比べてしまう自分に苦しむお母さん、とても多いです。

私はこう思います。

比べることはお母さんだからこそできる能力だということ。わが子が周りと違うことに気づけるのは、子どもを守り育てるお母さんの本能だと思うのです。

子どもは違いを訴えることはできません。子どもがこの世で生き抜いていけるよう、周りより弱いところ、できないことを事前に察知しておく必要がお母さんにはあるからです。

だから、比べることは全然悪いことじゃないんです。

普通に振り回されることなく、比べる自分を責めないで、その子ができていることをただただそのまままいっぱい見つけてあげましょう。

似ている「言葉の呪い」

「みんなやっていますよ。みんな我慢してやっています」

↓わがままでやらないのではなく、配慮があればできるのです

うちも同じだから大丈夫よ（byママ友）

ありがとう。同じかはわからないけど、子どもはそれぞれ違うものよね

こんな経験はありますか？

ママ友に「うちの子落ち着かなくて癇癪も激しいんだよね」と話すと「うちも同じだよ！落ち着かなくて困るよね」と言われ、（それちょっと意味が違うんだよね。同じじゃないんだよね～。やっぱりわからないよね～）とモヤモヤした伝わらなさや違いを感じたこと。「やっぱりうちの子は違うんだな…」悲しい気持ちになるお母さんもいるでしょうし、「やっぱり特性がない子のお母さんにはわからないんだろうな…」仲間外れになったような気

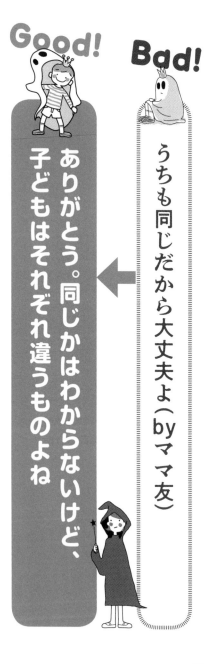

持ちを感じるお母さんもいるかもしれません。

確かに、発達の特性のある子の子育ては、一般的な子育てとは違います。悩みも、起きる問題も、将来にわたって必要な子どもへの関わり方も、そしてお母さん自身の気持ちの負担も。比べ物にはならない差があると思います。

発達に特性のある子とない子、両方の子どもを育てているお母さんが「上の子はとにかく手がかかって育てにくくて大変だったけど、特性のない下の子を育ててみて、こんなに育てやすいんだ！　全然違う！って驚きました」と話してくださったときは私もすごく勉強になりました。

発達障害の特性がある子とない子を比べても、はっきり言って何のメリットもありません。子どもも違えば親も違い、感じる悩みも楽しさや喜びも、子どもとお母さんの数だけあるからです。

比較して子育てを見直す場合は、同年齢の子を似た環境で育てている、同じような悩みを持つ親と比べるのがいいです。

療育や支援級で会った人、発達障害の子向けの子育てサークルやペアレントトレーニングで一緒の人など、「話がわかり合えそうだな」と思える人と子育ての話をしましょう。

子育てのいい気づきやヒントもたくさん得られるでしょうし、なかなか言えない悩みも話しやすいと思います。

世の中の人みんなが理解するのは難しくても、あなたの気持ちを自分ごととしてわかってくれる人は必ずいます。少数派だから学べることも、つながれる仲間も、感じる幸せもあります。

私もオンラインサロンを作って、発達障害の子を育てる親や支援する人がつながり応援しあっていけるコミュニティーを運営していますが、今はそのような場所が増え、広がっています。いいことは真似して、わからないことは聞いてみて、味方の力はどんどん活用していきたいですね。

うちは習い事をはじめたよ／療育に行っているよ（byママ友）

くらべないくらべない。私は本当にそれをやってあげたい？

「うちはこの習い事をやらせようと思ってる」「今度、塾に行きはじめるんだ」などの他のママの言葉に、気持ちがざわざわ反応することありませんか？

「うちはやっていないけれど大丈夫かな」「うちの子も塾に入れたほうがいいのかしら？」

「何もやらせていない私はやっぱり親としてよくないのかな」不安や焦りが次々湧いてくるかもしれません。

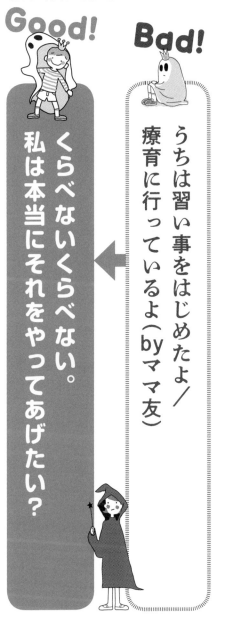

これは、発達に特性のある子の子育てあるあるです。「子どものためにはやれることは何でもやるべき」とか「手をかけてあげなきゃいけない」という、これもまたお母さんにとっては縛りになるのですね。

何か習わせたほうがいいと思う自分。でもやりたがらない子ども。まだ早いし負担になるから今は習い事はやめるという選択をしているお母さんもいるでしょう。でも、心の中で、何もやらせていない自分は子育てを手抜きしているという不安がある。

習い事をやるのがどの子にとってもいいかと言えば、決してそんなことはありません。習い事などを決めるときの考え方の一つは、「親子が笑顔でいられるか」だと私は思います。

子どもが嫌がっているのに無理やりさせても意味はないし、長続きしません。そしてお母さんが「行きなさい！」と怒ってやらせていたら、その習い事は誰にとって何の良さがあるのでしょう。

習う子ども本人と応援するお母さんが、気分良くいい関係でいられないなら、今はやらずにその時間を二人で楽しく過ごせることに使う方が全然いいと私は思います。

「うちもこうしたほうがいいのかな」「あれをやるべきかな」心がざわざわした時は〝よそはよそ、うちはうち〟と唱えてみてください。

本当にその習い事を子どもにやらせたい？　子どもは望んでいる？　親子で笑顔になれる？　この問いを思い出してみてください。

迷うときは「〜ねばならない」ではなく、「〜したい」を基準にして考える。

「〜ねばならない」は、自分ではなく他の人の言葉や社会の常識や自分を縛る思い込みが基準になっています。基準にしてほしいのはあなたの本当の気持ち。子育ては誰かの基準に合わせるためにやるのではなく、あなたがあなたと子どものためにやるものです。

あなたが子どもにしてあげたいことは何ですか？

自分を縛る子育てから自分で選び作る子育てに近づけていきましょう。

あなたはもっと自分らしい子育てができます。

この本を読んでいる今この瞬間から、それは始まっていますよ。

おわりに

本書を手に取り最後までお読みいただき、本当にありがとうございます。

子育てをしていると必ずぶち当たる様々な悩み。

中でも、親だからこそ繰り返し突きつけられる「〜ねばならない」「〜しちゃいけない」の言葉のプレッシャー。私も親なので、これまでこのような言葉に幾度となく悩み、戸惑い、自己否定し、そして学んで、切り抜け方を見つけてきました。


今こうしてあとがきを書いている間も、お母さんはたくさんの言葉に悩まされ、縛られ、本来できる自分らしい子育てができずに苦しんでいます。

科学的な根拠のない多くの呪いのような言葉。そんな言葉に振り回され、自分を否定し、自信をなくしています。


こんなに頑張っているのに、どうしてお母さんたちはこんなに辛いのか。どうして幸せな気持ちになれないのか。

発達障害やグレーゾーン、不登校の子どもを育てるお母さん専門のコーチという今の仕事を始めて7年、「お母さんの笑顔が見たい！」その想いで私は毎日お母さんのお話を聞き、悩みを受け止め、一緒に考える中で、ずっとこの疑問の答えを探してきました。

そして行き着いたのが、いろんな子育て法やノウハウを身につけることより、お母さんが自分で自分を内側から守り、自分で幸せのパワーを増やすこと。

つまり、呪いのようにやってくる言葉なんか全て跳ね返すくらい頑丈な心を、お母さんが取り戻すこと。

この本は、それを全力で支え応援する最強アイテムです。
この先も子育てに悩み、行き詰まり、立ち止まってしまうこともあると思います。
そんな時に思い出し、このアイテムを使って自分を取り戻して笑顔になっていただけたら、私はこの上なく幸せです。

お母さん、あなたは子育ての呪いのような言葉なんかに縛られる必要はありません。
自分で自分を否定する必要はありません。

どうか呪いのような言葉に縛られないで。

あなたの思いも考えも子育ても、間違いなんて一つもありませんよ。

でももし、一人で心細くなったら、いつでも私にお話を聞かせてください。

そしてオンラインサロンで、同じ悩みを持つ仲間であるお母さんたちとおしゃべりしにきてくださいね。

＊発達の悩みが幸せに変わる個別相談
http://niko-pika.net/?page_id=8122

＊子育てまるっとうまくいく！発達の悩みが幸せに変わるオンラインサロン
https://www.facebook.com/groups/867534217356451

最後に、この本を製作できたのは、これまで出会った発達が気になるお子さんを育てるたくさんのお母さんたちと、私を支えてくださったすべての方々のおかげです。心から感謝いたします。

浅野みや

浅野 みや（あさの みや）

発達の悩みを幸せに変えるコーチ。

1975年11月6日生まれ 山梨県出身 岐阜県在住。

発達の悩みを幸せに変えるコーチング代表。発達障害、グレーゾーン、不登校の子を育てるママ専門コーチ。大学卒業後、支援学校教員として約10年間特別支援学校に勤務。結婚を機に退職し1年後出産、育児をする中で、子育てに悩み、育児ノイローゼの状態に。「このままではわが子も自分もダメになる」とあらゆる専門書、文献を読み漁り、その時出会った本からコーチングを知り、子育てコーチングのセッションを初体験。それがきっかけで子育てと人生が大きく変わる。育児ノイローゼを克服し子育てコーチになることを目指す。その後プレシャス・マミー認定コーチとしてコーチの仕事を開始し、発達障害やグレーゾーンの子どもの母親からの深刻な相談が後を絶たないことから、発達障害専門のコーチとして、過去15年以上、2000人を超える障害児や保護者と関わる。その経験をもとに、発達障害の子どもを育てるお母さんに焦点を当てたコーチングプログラムを開発。本や療育、専門機関他では教えてもらえない！完全オリジナルなママ優先の発達支援法が評判になり、「子育てだけではなく自分の人生も大切にして生きたい！」という母親からの相談依頼が殺到。自分の夢を叶えながらわが子の自立を応援したい母親の子育てとビジネスのサポートをしている。

Special Thanks to

出版プロデュース
天海 純

編集協力
柴田 恵理

イラストレーション
r2（下川恵・片山明子）

二〇二一年（令和三年）八月五日　初版第一刷発行

子育《こそだ》ての「呪《のろ》い」が解《と》ける魔法《まほう》の言葉《ことば》

発達障害の子どもを育てる親が楽になる

著者　浅野 みや
発行者　石井 悟
発行所　株式会社自由国民社
東京都豊島区高田三―一〇―一一　〒一七一―〇〇三三
電話〇三―六二三三―〇七八一（代表）
造本　JK
印刷所　横山印刷株式会社
製本所　新風製本株式会社